# 华夏谣

蘸月斋

西南交通大学出版社
·成 都·

图书在版编目（CIP）数据

华夏谣 / 李继裕著. —成都：西南交通大学出版社，2016.7（2021.6 重印）
ISBN 978-7-5643-4795-6

Ⅰ. ①华… Ⅱ. ①李… Ⅲ. ①中华文化－通俗读物 Ⅳ. ①K203-49

中国版本图书馆 CIP 数据核字（2016）第 157390 号

**华 夏 谣**

李继裕 著

| | |
|---|---|
| 责任编辑 | 邹 蕊 |
| 特邀编辑 | 张龙高 |
| 封面设计 | 严春艳 |
| 出版发行 | 西南交通大学出版社<br>（四川省成都市金牛区二环路北一段 111 号<br>西南交通大学创新大厦 21 楼） |
| 发行部电话 | 028-87600564 028-87600533 |
| 邮政编码 | 610031 |
| 网 址 | http://www.xnjdcbs.com |
| 印 刷 | 三河市同力彩印有限公司 |
| 成品尺寸 | 146 mm×208 mm |
| 印 张 | 5 |
| 字 数 | 145 千 |
| 版 次 | 2016 年 7 月第 1 版 |
| 印 次 | 2021 年 6 月第 3 次 |
| 书 号 | ISBN 978-7-5643-4795-6 |
| 定 价 | 29.00 元 |

# 何以作《华夏谣》

现行国学体系之弊：

重诸子而轻国技国艺，重儒学而轻其他流派；

四书五经的内容有重复，且有些观点值得商榷；

语言散文化，不易记诵。

本书囊括四书五经、诸子百家、国技（陶瓷、丝绸、珠算、中医）、国艺（古琴、围棋、书法、国画、昆曲）等众多国学元素。一韵到底，成韵易诵。

用一本书来仰望中国——《华夏谣》。

# 序

混沌初开，乾坤苍茫，清轻浊重，天玄地黄。

日辉月映，辰列星张，金乌向背，寒来暑往。

云腾致雨，露冷为霜，苍山绵亘，长河浩荡。

金生弱水，玉蕴昆冈，草木竞荣，兽走羽翔。

春元夏亨，秋利冬藏，离洞别穴，人立灵长。

俗成文字，礼服衣裳，仁聚义合，有虞陶唐。

黄帝画野，肇分家邦，夏禹读水，山耸水淌。

生民拓地，文武殷汤，圣朝神威，崭露光芒。

德服黎众，怀柔戎羌，百川向海，震旦东方。

凤鸣朝阳，龙游春江，四野来贺，华夏皇皇。

## 【释义】

• 所有的物质都在运转中，宇宙间茫茫一片，较轻的浮上去，较重的沉下来，就有了青色的天和黄色的大地。

• 太阳照耀，月亮辉映，其他的星辰排列在它们的周围。地球绕太阳自转公转，就有了白昼黑夜和春夏秋冬。

• 水汽上升为云下落成雨，秋冬时节就白露为霜。高山耸峙绵绵不断，大河滔滔滚滚向前。

• 溪流淘出了黄金，美玉藏在昆仑山下。小草树木蓬勃生长，飞禽走兽来来往往。

• 春天开始，夏天成长，秋天收获，冬天蓄势。告别了洞穴的生活，人，成为灵长类中最优秀的。

• 约定了表意的文字，穿上以示礼节的衣服。因为有仁有义，出现了有虞这样的部落和唐尧（帝喾之子）这样的领袖。

• 黄帝画出界线，封地的区域就形成了。夏禹按水的特征疏浚河道，山川河道就形成了。

• 休养生息，开疆辟地，那是周文王和周武王啊，伟大的朝代，就这样被世界景仰。

• 帝王的高尚品德让百姓臣服，连边远之地的部落都归顺了。海纳百川，中国就像太阳一样在东方升起。

• 凤凰在太阳下歌唱，龙在江水里畅游，四面八方都来朝贺，华夏，一个文明之邦光芒万丈。

# 目录

## （一）土部·子

·此部囊及四书五经（木部中另叙）与诸子，以《易》为主。

·土之谓者，言其博大厚实也。

四渎之宗，黄河激湍，澎湃东指，濡灌赤县。
沃野万畴，生息孳衍，承天景命，姬姓轩辕。
肤如泥土，黑发黄颜，其地为中，不倚不偏。
日出东方，华夏树建，春去秋来，我邦卓然。

【释义】

· 河、江、淮、济四条河流的源头（渎：水沟），黄河波澜壮阔，一路向东入海，濡养了中原大地。

· 在那肥沃的土地上，万物生生不息，众望所归啊，人文初祖的姬姓轩辕站了出来。

· 人们的肤色像泥土一样，黄皮肤黑头发，他们的居住地在大地的中央，不偏不斜。

· 像太阳从东方升起一样，华夏族建立了，首领叫黄帝（因为他有土地之瑞），经过时间的沉淀，华夏为世人称颂。

# 华夏谣

夏者盛大，华者丽繁，兹为国号，举世同瞻。

口诵心授，文留字传，八索九丘，三坟五典。

世谓五经，国粹渊源，濡养群伦，浩然深远。

尚书所录，虞夏商周，典谟诰训，孔子编纂。

【释义】

· 夏的意思是盛大，华的意思是美丽而繁多，把华夏作国号，世人认为名副其实。

· 最先，人们都是用口耳相传的方式来传承文化，后来有了文字，就出现了八索、九丘、三坟、五典这样的作品（可惜失传）。

· 流传于世的五经，是中华文化精粹的源头，教育世人，影响深远。

· 其中《尚书》所记录的，是有虞（舜的国号）、夏、商、周这几个朝代的内容，分为典、谟、诰、训等部分，相传是孔子编定的。（典者，册之大也；谟者，谋也；诰者，告也；训者，教也。）

尧舜揖让，舜禹相禅，中华心法，十六字焉。

人心惟危，浊兮不善，谨行慎独，思危居安。

道心惟微，无处不显，针骨砭髓，救忧赎难。

惟精惟一，不二之选，摒杂弃秽，法门得观。

允执厥中，气定神闲，进退由己，天方地圆。

【释义】

· 尧、舜、禹、禅让帝位的时候，传下了十六个字的“中华心法”——人心惟危，道心惟微，惟精惟一，允执厥中。

· “人心惟危”的意思，是说人的本性中有许多肮脏的东西，所以人生一世要谨慎行动，特别是在独处时，要在平安中想到危险的存在。

· “道心惟微”的意思，是说代表天地规律的道心是无处不在的，它可以来矫正我们的行为，救赎人生。

· “惟精惟一”的意思，是说保持纯洁与专注，是成就德行的最好途径，抛开了杂念，智慧就出现了。

· “允执厥中”的意思，是说认真地秉承“中”的原则，就会平静淡定，就会潇洒自如地行走在世间。

克明俊德，协和万邦，圣朝回望，君明臣贤。
视远惟明，听德惟聪，勿庸弗询，惟听稽言。
以公灭私，民允其怀，于邦于家，克勤克俭。

【释义】

· 帝尧能够节俭明察，品德高尚，让天下和谐相处。再回看那个伟大的朝代，君主英明大臣忠诚。

· 明哲的人看得很远，聪慧的人修行自己的美德。没有询问过的计划不会实施，只听经过验证的话。

· 大公无私，人民心悦诚服。对国家勤勤恳恳，在家里生活俭朴。克勤于邦，克俭于家。语出《尚书·大禹谟》。允者，信也，又公也。

人更三世，世历三古，周易现世，半经半传。
周者朝名，易也日月，群经之首，大道之泉。
太极二仪，乃阴乃阳，滋生四象，青白朱玄。
四象推演，八卦得见，乾坤震艮，离兑巽坎。

【释义】

· 伏羲画八卦，周文王演为六十四卦并作卦爻辞，孔子作传解经，经过了上古、中古、近古三个时期才完成了《周易》。

· 《周易》一书，一半是经（《易经》），一半是解释经的传（《易传》，即《十翼》）。周是朝代名，易是日月的意思。它位居众多经书的开端，是很多智慧的源泉。

· 太极产生了阴阳，阴阳才合成了东方之神青龙，西方之神白虎，南方之神朱雀，北方之神玄武。

· 根据四象推演，才有了乾坤巽震坎离艮兑（乾西北、坎为北、艮东北、震为东、巽东南、离为南、坤西南、兑为西）八卦。宇宙混沌未开称无极，即开之时称太极。太极图是以黑白两个鱼形纹组成的圆形图案，俗称阴阳鱼。太极是中国古代的哲学术语，意为派生万物的本源。太极图形象化地表达了阴阳轮转，相反相成是万物生成变化根源的哲理。

卦由爻成，爻分奇偶，奇画阳爻，阴爻偶断。

乾连坤断，震盂艮碗，兑上巽下，离虚坎满。

【释义】

· 八卦是由三爻组成的，爻有奇偶两种。阳爻是一条直线，阴爻是两条短线。

· 爻有阴阳两类，阳爻表示阳光，阴爻表示月光。每卦又有三爻，代表天地人三才。每卦的次序是自下而上的，最下一横叫初爻，中一横叫二爻，上一横叫上爻。

· 乾卦三爻是相连的线，坤则是断的，震卦像一只盂，艮像一只倒扣的碗，兑卦上爻是断的，巽卦下面的初爻是断的，离卦中间是虚的，坎卦中间是满的。

八卦所应，环宇世间，相辅相成，环环相连。

乾天坤地，离火坎水，兑泽巽风，震雷艮山。

【释义】

· 八卦所象征的，是世间的事物。这些事物相辅相成，既对立又统一。

· 其中，乾无所不容为天，坤无所不载为地，离为火，坎为水，兑为泽，巽为风，震为雷，艮为山。

· 雷以动之，风以散之，雨（坎）以润之，日（离）以烜之，艮以止之，兑以说之，乾以君之，坤以藏之。

上下卦连，六爻生焉，二二相偶，非覆即变。

六爻卦画，卦名以辨，卦辞作结，爻辞叙单。

【释义】

• 八卦两两相连（下为主卦，上为客卦），就形成了六十四卦，这些卦都是由六条爻（线）组成的，六十四卦两两相对（如乾和坤）共三十二对，这三十二对的卦画不是相对就是相反。

• 这些卦画都有卦名，用卦辞来总结卦的含义，爻辞则解释卦画中每一条爻的意思。如乾卦卦辞：元亨利贞。（注：元者开始，亨者茂盛，利者收获，贞者静止。而静极生动。大吉之卦。）

经部卦画，六十有四，婚丧畋伐，龟纹求验。

天象凶吉，圣人仿之，河图洛书，圣人规范。

传部十翼，孔释经辞，以佐世人，义解理参。

十翼之要，系辞居焉，易经大义，挈纲总揽。

**【释义】**

· 易经的卦共有六十四个，人们在结婚吊丧打猎出征等重大活动时，总要用占卜的方式来预测一下。

· 上天显示各种天象，表示吉凶，圣人模仿它推演结果，就像黄河和洛水出现的图案和书籍一样，圣人就把它作为标准。（注：传说伏羲氏时，有龙马从黄河出现，背负“河图”；有神龟从洛水出现，背负“洛书”。伏羲根据这种“图”“书”画成八卦，后来周文王又依据伏羲八卦研究成文王八卦和六十四卦，并分别写了卦辞。《易·系辞上》说：“河出图，洛出书，圣人则之。”史称“华夏文化之源”。）

· 《十翼》（又称《易传》）是孔子解释《易经》的书，用来帮助世人理解《易经》。

· 《十翼》共十篇文章，其中最重要的是《系辞》，它提纲挈领地阐明了《易经》的主题。

乾坤定矣，动静有常，一阴一阳，相生相反。

二人同心，其利断金，同心之言，其臭如兰。

言者尚辞，动者尚变，制器尚象，卜筮尚占。

法象天地，变通四时，着明日月，富贵高悬。

【释义】

• （《系辞》上说）宇宙的秩序确立了，动静的转换是有规律的，阴和阳对立统一，相辅相成。

• 两人心意相同，行动一致的力量犹如利刃可以截断金属；心意相同的两人说出话来像兰草那样芬芳、高雅。

• （易学跟圣人之道合拍的有四点）用来指导言论时格外重视卦爻辞，用来指导行动时格外重视阴阳变化的规律，用来指导制作器物时格外重视卦象的形象，用来预断吉凶时格外重视占卜。

• 最高的法则没有什么能超越天地；最奇妙的变通没有什么能超过四季；形象高悬而显示明了没有什么能超过日月；尊崇和高尚没有什么能超过精神的富有和尊贵。

备物致用，立器为人，探赜索隐，钩深致远。

天佑顺者，人助信者，履信思顺，尚贤比肩。

守位由仁，聚人惟财，彰往察来，阐幽微显。

见几而作，知微知彰，下交不渎，上交不谄。

【释义】

· 生产出物品以供享用，设立工种使工匠制成器具，为天下人谋取利益，做这些事情，没有超过圣人的了。探求万事万物的复杂情况，探索隐含着的道理，挖掘深刻的哲理而搜罗幽远的事物。

· 天保佑和顺的人，大家都帮助诚信的人，笃守信用、思念和顺，就可以向圣贤学习了。

· 用“仁”来守住你的位置，用“舍财”来凝聚人心。记载往事不使埋没，可以考察未来，显现微妙之处，阐明幽深之理。

· 发现征兆赶紧行动，从细微处明白发展方向。对下（地位比自己低的人）交往不轻视怠慢，对上（地位比自己高的人）交往不阿谀奉承。

形而下器，形而上道，化裁谓变，行之通圆。

神而明之，存乎其人，默而成之，信而不言。

象传象传，各六四言，卦名卦辞，类举义断。

【释义】

· 超出具体形象之上的叫作道，具有固定形体的叫作器，改造而剪裁这些道理的目的表现在卦爻的变动中；推演而施行这些道理的方法表现在贯通。

· 神妙并使人们明白易的意思，表现在人的运用中，躬行不言，默而成事，不发言而受人信任，这完全是由于其人的品德。

· 《十翼》中的《象传》和《象传》，分别有六十四个章节（对应六十四卦），解释卦名卦辞的含义，采用类比的方式来作社会意义上的推断。如屯卦：《象传》解“屯，刚柔始交而难生，动乎险中，大亨贞。雷雨之动满盈，天造草昧，宜建侯而不宁。”《象传》解“云雷，屯；君子以经纶。”

文言一传，专解坤乾，二卦之象，所若地天。
万物资始，天哉乾元，君子自强，天行以健。
潜龙勿用，见龙在田，夕惕若厉，或跃在渊。
万物资生，至哉坤元，坤厚载物，乃顺承天。
至柔也刚，至静德方，得主有常，余庆积善。

【释义】

• 《文言传》是专门解释乾卦和坤卦的，这两个卦所比喻的是天和地。

• 蓬勃盛大的乾元之气是万物创始变化的动力资源，天（即自然）的运动刚强劲健，相应地，君子处世，也应像天一样，自我力求进步，刚毅坚卓，发愤图强，永不停息。

• 有才德的君子压抑于底层，君子在人世间暂时隐伏等待时机。做事情谨慎小心，不敢怠慢，只要根据形势的需要而进退，就不会有错误。

• 坤阴元气恰到好处起来了，万物都受到滋养而生长，深厚的大地载育万物，这是对天意的顺承。

• 坤卦是最柔顺的了，但它如果行动起来也是很坚定有力的。它是那样安详稳重，有德行，守规矩，做事做人从来都是有章法而不乱行为，可以福泽绵长。

八卦所应，说卦一篇，穷理尽性，意旨高轩。

震动巽入，坤顺乾健，艮止兑说，离丽坎陷。

【释义】

·《说卦传》是解说八卦所对应的世界万物的，从而探究事物本身的特征，立意高远。

·从运动观的角度看，震代表行动，巽表示进入，坤者顺从，乾者刚劲，艮卦静止，兑卦喜悦，离卦光明，坎卦束缚。

序卦所示，众卦因缘，既是归结，又为肇端。

【释义】

· 《序卦传》所展现的，是六十四卦的关系。每一个卦都是一种结果，同时又是产生另一个卦的缘由。

有天地，然后万物生焉。盈天地之间者唯万物，故受之以“屯”。“屯”者，盈也；物之始生也。物生必蒙，故受之以“蒙”。“蒙”者，蒙也；物之稚也。物稚不可不养也，故受之以“需”。“需”者，饮食之道也。饮食必有讼，故受之以“讼”。讼必有众起，故受之以“师”。“师”者，众也。众必有所比，故受之以“比”。“比”者，比也。比必有所畜，故受之以“小畜”。物畜然后有礼，故受之以“履”。履而泰然后安，故受之以“泰”。“泰”者，通也。物不可以终通，故受之以“否”。物不可以终否，故受之以“同人”。与人同者物必归焉，故受之以“大有”。有大者不可以盈，故受之以“谦”。有大而能谦必豫，故受之以“豫”。豫必有随，故受之以“随”。以喜随人者必有事，故受之以“蛊”。“蛊”者，事也。有事而后可大，故受之以“临”。“临”者，大也。物大然后可观，故受之以“观”。可观而后有所合，故受之以“噬嗑”。嗑者，合也。物不可苟合而已，故受之以“贲”。“贲”者，饰也。致饰然后亨则尽矣，故受之以“剥”……

杂卦之杂，顺序无关，两卦比形，相对相反。
一字释卦，辞约言简，进退消长，阴阳之变。
文王演易，仲尼释传，隔空连袂，巨制鸿篇。

**【释义】**

· 《杂卦传》的“杂”的意思，是指把六十四卦的顺序打乱了，把其中的正好相对相反的两个卦放在一起。

· 用一字来解释卦的意思，简单明了，每一组（两个卦）的主题，都反映了事物互相转换的特点。“乾”刚“坤”柔，“比”乐“师”忧。“临”“观”之义，或予或求。“屯”见而不失其居，“蒙”杂而著。“震”，起也，“艮”，止也。“损”“益”盛衰之始也。“大畜”时也，“无妄”灾也。“萃”聚而“升”不来也。“谦”轻而“豫”怠也。“噬嗑”食也，“贲”无色也。“兑”见而“巽”伏也……

·（伏羲画了八卦）周文王据此推演了“易经”，孔子给“周易”做了“易传”（“十翼”），隔着时空的几位圣人联袂给世人留下了伟大的著作《周易》。

春秋一书，又称麟经，西狩获麟，孔圣哀叹。

散文滥觞，鲁史编年，文简言瘦，暗含褒贬。

亦经亦史，大义微言，公羊谷梁，左氏三传。

五经之谓，已言其三，诗叙民风，礼在木段。

【释义】

· 《春秋》这本书，又称为《麟经》。虞人在曲阜西边打猎，捕获一只怪兽，据说是麒麟。孔子哀叹道："吾道穷矣！"（于是绝笔，停止了修《春秋》。）

· 这是中国历史散文的发源，是第一部根据鲁国国史所写的编年史，文字简约却暗中包含了作者的褒贬态度。

· 《春秋》既是经书，又是史书（刚日读史，柔日读经）。左氏、公羊、谷梁三人分别为《春秋》写了传（《左传》《公羊传》和《谷梁传》）。

· 所谓的"五经"，在此（土部）已经谈到了三部，《诗经》的作用是记载当时的民风（略过），《礼记》在"木部"来阐述。

儒经之外，诸子斐然，文盛乱世，稷下领先。

春风骀荡，百卉斗艳，俊采星驰，翰墨流丹。

法家韩非，不殊贵贱，重农抑商，勖励耕战。

【释义】

· 在儒家经典之外，其他的诸子也有非常卓越的建树。当时不稳的时局却正好推动了人们思想的发展，名重一时的稷下学宫堪称世界第一所大学。

· 在让人舒适的春风中，各种花卉竞相盛开。有文才的俊杰像星辰一样繁多，他们的作品文采飞扬。

· 法家韩非将商鞅的“法”、申不害的“术”和慎到的“势”集于一身，是法家思想的集大成者，认为人的身份没有贵和贱的差异，重视农业，控制没有农业基础的商业，鼓励人们去种地和为国打仗。（注：申不害之术者，学术也；慎到之势者，权也。）

韩非代表作有《五蠹》《说难》《孤愤》。

## 典故

### 韩非的名言

远水不救近火。人处疾则贵医。巧诈不如拙诚。不明察，不能烛私。不劲直，不能矫奸。以子之矛，陷子之盾。法不阿贵，绳不挠曲。治民无常，唯法为治。治民者，禁奸于未萌。长袖善舞，多钱善贾。事在四方，要在中央。矜伪不长，盖虚不久。治强生于法，弱乱生于阿。世异则事异，事异则备变。存亡在虚实，不在于众寡。悬衡而知平，设规而知圆。仁者谓其中心欣然爱人也。夫严家无悍虏，而慈母有败子。刑过不避大臣，赏善不遗匹夫。寄治乱于法术，托是非于赏罚。志之难也，不在胜人，在自胜。右手画圆，左手画方，不能两成。宰相必起于州部，猛将必发于卒伍。狡兔尽则良犬烹，敌国灭则谋臣亡。不吹毛而求小疵，不洗垢而察难知。摇镜则不得为明，摇衡则不得为正。明法制，去私恩。夫令必行，禁必止。火形严，故人鲜灼；水形懦，故人多溺。

敏以先王之政治当世之民，皆守株之类也。目失镜，则无以正须眉；身失道，则无以知迷惑。

圣人不期循古，不法常可，论世之事，因为之备。千丈之堤，以蝼蚁之穴溃；百尺之室，以突隙之烟焚。

国无常强，无常弱。奉法者强，则国强；奉法者弱，则国弱。

刺骨，故小痛在体而长利在身；拂耳，故小逆在心而久福在国。十仞之城，楼季弗能逾者，峭也；千仞之山，跛牂易牧者，夷也。故明王峭其法而严其刑也。

墨翟一派，兼爱尚贤，非攻善守，以身试俭。

**【释义】**

· 墨翟代表的墨家，主张平等博爱，推举贤能的人做官，反对战争，善于守卫，勤俭节约并亲历亲为。

· 墨翟是儒家之外，唯一的显学。

## 典故

**【墨子泣丝】**

墨子见人染丝，感叹道："用青色染丝就变成青色，用黄色染丝就变成黄色。染料变了，丝色也随之而变；放入五种染料，丝就呈现五种颜色。所以对于染丝不可不慎重啊！"不仅染丝如此，治国处世也如同染丝一样。人性如丝，必择所染。

**【墨守成规】**

楚国要攻打宋国，鲁班为楚国特地设计制造了一种云梯，准备攻城之用。墨子急忙赶到楚国去劝阻，墨子竭力说服楚王和鲁班别攻宋国。

楚王终于同意了，但是他们都舍不得放弃新造起来的攻城器械，想在实战中试试它的威力。墨子解下衣带，围作城墙，用木片作为武器，让鲁班同他分别代表攻守两方进行表演。鲁班多次使用不同方法攻城，多次都被墨子挡住了。鲁班攻城的器械已经使尽，而墨子守城计策还绰绰有余。

鲁班不肯认输，说自己有办法对付墨子，但是不说。墨子说知道鲁班要怎样对付自己，但是自己也不说。楚王听不懂，问是什么意思。墨子说鲁班是想杀害自己，其以为杀了自己，就没有人帮宋国守城了。鲁班哪里知道墨子的门徒约有三百人早已守在那里等着楚国去进攻。楚王眼看没有把握取胜，便决定不攻打宋国了。

名家惠施，名实之辩，五行阴阳，齐人邹衍。

【释义】

· 名家的代表人物惠施，强调事物的概念与事物本身的关系。阴阳家的代表人物是齐国人邹衍。

· 五行相克即土克水、木克土、金克木、火克金、水克火。

## 典故

司马迁在《史记》中把邹衍列于稷下诸子之首，称“邹衍之术，迂大而闳辩”。

邹衍为了给燕昭王提出切实可行的建议，便常到燕国各地去考察。这年春天，他来到渔阳，见此地依然还是冬天，寒气太盛，草木不长，百姓生活很苦。他上了郡城南边不远的一座小山上，吹起了律管，演奏春之曲，一连吹了三天三夜。在他吹律管之后，这座小山便飘来暖风，阳光明媚，冰消雪化，树叶绿了、花儿开了。跟着整个渔阳大地变暖，农民赶紧耕地下种。

邹衍吹律的传说在汉朝许多诗文里就已出现。唐朝时李白曾写过一首《邹衍谷》的诗来称赞邹衍的精神：“燕谷无暖气，穷岩闭严阴。邹子一吹律，能回天地心。”

## 典故

**【白马非马】**

“白马非马，可乎？”曰：“可。”曰：“何哉？”曰：“马者，所以命形也。白者，所以命色也。命色者，非命形也，故曰白马非马。”

曰：“有白马，不可谓无马也。不可谓无马者，非马也？有白马为有马，白之非马，何也？”曰：“求马，黄、黑马皆可致。求白马，黄、黑马不可致。使白马乃马也，是所求一也，所求一者，白者不异马也。所求不异，如黄、黑马有可有不可，何也？可与不可其相非明。故黄、黑马一也，而可以应有马，而不可以应有白马，是白马之非马审矣。”

如果要求得到“马”，黄马、黑马都可以满足要求；如果要求得到“白马”，黄马、黑马就不能满足要求了。假使白马就是马，那么要求得到马与要求得到白马便完全一样了，如果所要求得到的是一样的话，那么白马与马自然就没有区别。但是，如果要求得到马与要求得到白马没有区别，那么，为什么面对黄马、黑马可以答应有马而不可以答应有白马呢？既然可以答应有马而不可以答应有白马，这就明显地说明要求得到“马”与要求得到“白马”是完全不同的。所以白马不是马。

张仪苏秦，纵合横连，不韦称杂，诸子并贯。

农家许行，谷桑之劝，孙武兵法，计谋寸田。

· 纵横家苏秦和张仪，主张连横的外交策略。杂家代表人物吕不韦，融会贯通了诸子的观点。

· 农家代表人物许行，鼓励人们发展农业生产。孙武写的《孙子兵法》，一切计谋尽在心中。

## 典故

苏秦刺股："妻不下纴，嫂不为炊，父母不与言"。于是苏秦闭室不出，出其书遍观之，得太公《阴符》，发愤攻读，"读书欲睡，引锥自刺其股，血流至足"。一年后学成，遂游说列国，合纵诸侯抗秦，佩六国相印，名震天下。

《吕览》：吕不韦编纂，认为此书包括了天地万物古往今来的事理，所以号称《吕氏春秋》。他还把书的内容写在布匹上，并将之刊布在咸阳的城门，上面悬挂着一千金的赏金，遍请诸侯各国的游士宾客，若有人能增删一字，就给予一千金的奖励。但是最后也没有一个人能够做到。

许行的思想主要是君民并耕之说和"市贾不二"的价格论。"贤者与民并耕而食，饔飧而治。""布帛长短同，则贾相若；麻缕丝絮轻重同，则贾相若。"

## 典故

《孙子兵法》：中国现存最早的兵书，也是世界上最早的军事著作，被誉为“兵学圣典”。处处表现了道家与兵家的哲学。共有六千字左右，一共十三篇。

孙子曰：兵者，国之大事，死生之地，存亡之道，不可不察也。故经之以五事，校之以计而索其情：一曰道，二曰天，三曰地，四曰将，五曰法。道者，令民与上同意也，故可以与之死，可以与之生，而不畏危。天者，阴阳、寒暑、时制也。地者，远近、险易、广狭、死生也。将者，智、信、仁、勇、严也。法者，曲制、官道、主用也。凡此五者，将莫不闻，知之者胜，不知者不胜。故校之以计而索其情，曰：主孰有道？将孰有能？天地孰得？法令孰行？兵众孰强？士卒孰练？赏罚孰明？吾以此知胜负矣。

## 典故

三十六计：金蝉脱壳、抛砖引玉、借刀杀人、以逸待劳、指桑骂槐、趁火打劫、擒贼擒王、关门捉贼、打草惊蛇、浑水摸鱼、瞒天过海、反间计、笑里藏刀、调虎离山、顺手牵羊、李代桃僵、无中生有、声东击西、树上开花、暗度陈仓、假痴不癫、欲擒故纵、走为上、釜底抽薪、空城计、苦肉计、远交近攻、反客为主、上屋抽梯、偷梁换柱、连环计、美人计、借尸还魂、隔岸观火、围魏救赵、假道伐虢。

龙跃凤翔，斗灿星焕，华魂夏魄，形廓渐显。

此部谓土，厚实是言，驳杂共生，万物盛繁。

【释义】

· 龙飞凤舞，群星闪耀。华夏的精神家园，就基本上形成了。

· 这一部分称为土部，因为诸子百家为中华文明奠定了厚实的基础。他们互相影响，共同生长，造就了国家的繁荣昌盛。

## （二）水部·道

- 一阴一阳之谓道，继之者善也，成之者性也。
- 性也者，无为则善也。
- 上善若水，水善利万物而不争。
- 夫唯不争，故天下莫能与之争。

道学宏大，庄子老聃，天地为师，取法自然。

清虚无为，离用自仙，万物齐同，生息攸关。

紫气东来，珠玑五千，骑牛西去，道德流传。

孝慈忠良，不和昏乱，有无相生，丑恶美善。

【释义】

· 道家学派博大精深，代表人物是老子和庄子。把天地万物作为老师，遵循自然的法则。

· 清净虚无，不违反自然规律，远离世俗功名就是神仙。世间万物都是平等的，而且互相依赖而存在。老子曰：“清虚者天之明也，无为者治之常也。”儒家讲华夷之辨，道家谈齐同万物。

· 老子过函谷关之前，关令尹喜见有紫气从东而来，知道将有圣人过关。果然老子骑着青牛而来，并在此写下了五千字的《道德经》流传于世。

· 家庭出现了纠纷，才有了所谓的孝与慈；国家陷于混乱，才有了所谓的忠臣。如果没有“有”也就没有“无”，没有美也就没有丑，没有善也就没有恶。

大道废，有仁义；智慧出，有大伪；六亲不和，有孝慈；国家昏乱，有忠臣。

是以圣人处无为之事，行不言之教。

——《道德经》

虚静恍惚，无用乃用，物壮则老，大象不显。
不争何尤，罔我长生，希夷而微，不倾不满。
太上之人，靡知其存，见素抱朴，私少欲淡。

【释义】

· 无欲无得就会平静安详得如梦如醒，看起来没有作用的地方才是最有作用的（没有使用前，才有无数种使用的可能）。事物壮盛到了极点就会衰朽，最伟大恢宏、崇高壮丽的气派和境界，往往并不被人发现或重视。

· 不去争夺就不会产生怨恨，天地因为没有自己的形态和生命所以能够永久地存活着。视而不见、听而不闻、昏而不得，没装满水的东西是不会倒的。

· 最明哲的人不重视自己的存在，以朴素为本，很少有欲望。

冲和之术，洼盈缺完，少得多惑，枉直曲全。

企者不立，跨者不行，率性而为，焉得其反。

不大为大，不生乃生，其可左右，大道兮泛。

下为高基，孤寡不毂，欲废故兴，微明之选。

【释义】

· 阴阳调和，只有低洼之处才会有水流过来填充它，只有缺口处才有可能变得完整。没有更多的选择，你就能得到和珍惜当下的东西，选择的机会多了，你就不知道该要什么了；弯曲了才有可能伸直，委曲才可以求全。

· 踮起脚尖是不能长久站立的，迈开大步是难以到达远方的；遵照本性去做事，怎么能够用相反的方式去做呢？

· 明道之君能够被人尊崇而统治天下，其根本原因在于他自始至终不妄自尊大而能虚静处下，所以才能为天下人归附和拥护，而成就其君王的尊贵和伟大，不看重自己的生命，却活在千千万万被自己呵护的生命中；道就像泛滥的江河，无处不在。

· 低下是登上高位的基础，所以皇帝称“孤”称“寡”，诸侯称不毂（毂者善也）；准备废除的东西要先让它兴盛（反之亦然），由微弱到明亮才是明智的选择。

负阴抱阳，冲气为和，明道若昧，大白若玷。

为道日损，损之又损，无为大为，天下自安。

多藏厚亡，知止不殆，名货皆病，轻之者宽。

信信不信，善善不善，不亡者寿，无名者传。

【释义】

· 世间万物在阴阳之气的交融碰撞中，靠接纳这种谦逊的气质最终达到了调和的结果；光明之路要有一些黑暗之处的映衬，最白的东西要有一点污点来比照。

· 要获得道，就需要每天都进一步，减少自己的修饰和欲望（为学日益），减少了再减少，减到没有什么可以做的时候就是做了最大的事的时候，天下自然就安详了。

· 积聚很多财物而不能周济别人，引起众人的怨恨，最后会损失更大，知道适可而止就没有危险。名声和财物都会对自身造成伤害，看轻这些东西就会心境泰然。

· 信任可信的人也信任不可信任的人（最终就建立了信任），善待善良的人也善待不善良的人（最终就是大善），实体遭到毁灭，精神仍源远流长才是真正的生命长久，那些不看重名声的人才会被人记住。

道生德畜，物形势成，长而不宰，玄德乃范。
见小曰明，守柔为强，固柢深根，岂遭身患。
上民言下，先民身后，和光同尘，大国小鲜。
祸福倚伏，孰知其极，正复为奇，妖复为善。

【释义】

· 天道使他们生存，德行抚养了他们，外物使他们成长，形势使他们有成就；滋养万物而不主宰它们，这就是最高深的德性的示范。

· 从小处着眼，能察觉到别人看不到（或者忽略）的微小，才算得上明；从弱处着手，能持守柔弱才叫做刚强。根基稳固而扎实，自身怎么会遭受灾难呢？

· 统治者想要凌驾于黎民百姓之上，必须在言辞上处于谦恭的地位；想要领导百姓，就要在利益上处于他们之后，让百姓先得到实惠；不露锋芒，用与世无争的平和方法来处世，治理大国要像煮小鱼一样（煮小鱼，不能多加搅动，多搅则易烂，比喻治大国应当无为）。

· 祸与福互相依存，互相转化，怎么能够不认清这个规律？正常的事可变成奇特的事，妖怪一样的人也可变成善良的人。

反者道动，弱者道用，成败利钝，瞬息转换。

吾有三宝，持而宝之，乃慈乃俭，不敢世先。

善战不怒，胜敌不与，抗兵相若，哀者胜算。

知我者希，被褐怀玉，含德之厚，赤子容颜。

【释义】

· 循环往复的运动变化，是道的运动，虽然道的作用是微妙、柔弱的，但由于道的作用，成功失败锐利愚钝这些东西都会在瞬间发生转变。

· 我有三件宝，一直持有而且保全它：第一件叫做慈爱；第二件叫做节俭；第三件是不敢处在众人之先。

· 真正的勇士不会杀气腾腾，神机妙算者不必与敌正面交锋，两军相当的时候，低调内敛的一方可以取得胜利。

· 能了解我的人太少了（则我者贵：能效法我的人就更难得了），怀揣着美玉的圣人往往是穿着粗布衣服的；道德涵养深厚的人，就像是刚刚出生的婴儿一样柔弱无邪。

图难于易，为大于细，高台垒土，积水成渊。

其安易持，其微易散，未兆易谋，治之未乱。

民之从事，几成而败，慎终如始，何有嗟叹。

知不知尚，自知者明，病病不病，其脆易泮。

【释义】

· 解决难事要从还容易解决的时候去谋划，做大事要从细小处做起，就像筑就一座高台一样，是从一点一点地垒土开始的，深渊是靠汇集细流而成的。

· 局面安定时容易保持和维护，坏事物细微时容易消散，事变没有出现迹象时容易图谋，对于灾祸，要在出现之前解决它。

· 常人做事，总是在接近成功时而失败了，如果能够自始至终保持谨慎，怎么会有哀伤叹息呢？

· 知道自己还有所不知是最好的，自己能够认识自己这是很高明的，把自己的缺点当作缺点就不再是缺点，事物脆弱时（缺点还微小时）容易消解。

天道若弓，高抑下举，余者损之，不足则完。

道也无亲，常与善人，报怨以德，安可为善。

信言不美，美言不信，知者不博，善者不辩。

【释义】

· 世间的规律就像是一张弓一样，太高了就往下放一点，太低了就往上抬一下；多出来的就损毁掉，不充足的就弥补它。

·（上天之道）不分亲疏，总是把善果报应善人，如果以高尚的品德来回报怨恨，怎么能算是好方法呢？

· 真实的话听起来不好听，听起来好听的话可能不真实，真正有学问的人，知道学海无涯，处处虚心向别人请教，行为良善的人不狡辩。

小国寡民，至治之极，老于户牖，守陌囿阡。
扶锄理桑，闻于鸡犬，安居乐俗，服美食甘。
天网恢恢，疏而不失，浩浩汤汤，洋洋大观。
智开群氓，哲启顽艳，闳中肆外，圣贤之冠。

【释义】

· 国家小，人民少（和平地生活），这是太平的最高境界，百姓在自己的家中终老，守住自己的田园。

· 用锄头在田间劳动，邻居之间鸡犬之声相闻（却并不打扰），平安地生活，把当地的风俗当成快乐，把粗衣淡饭当作幸福。

· 天道之网很宽广，虽然宽疏却并无漏失，老子的理论浩荡无边，丰富多彩，盛大壮观。

· 老子的智慧和聪颖启迪了世间大众，宏大而奔放，堪称“圣贤第一”。

庄周子休，道钵承传，淡泊拒相，吏治漆园。
南华真人，内圣外王，心斋坐忘，物我谁辨。
脱俗超凡，笔走云端，近取诸譬，设喻奇幻。
世道沉浊，不可庄语，重言卮言，休谓狂癫。

【释义】

· 庄周字子休，是老子之后道教的代表人物，他淡泊名利拒绝了楚威王聘请他做宰相的邀请，只是曾经做过宋国地方的漆园小吏。

· 唐玄宗追封庄子为“南华真人”，因为庄子提出了“内圣外王”（具有圣人的才德，对外施行王道）的思想。抛弃感官，用虚无之心去对待万物，废除肢体，停止思想，用开窍去真正感知宇宙，与道大通，于是自己就和世间万物成为一个整体。

· 他的笔法开浪漫主义散文的先河，想象力非常丰富，总是用身边的事物来举例，打的比方奇特神幻。

· 他认为世间太黑暗了，没有人可以与自己对话，就采用反复的博喻和行云流水般的语言来写文章，但不要认为他是癫狂的。

曳尾于涂，无束无缚，生也有涯，自在无边。

妻老卒年，鼓盆而歌，气形生死，非聚非散。

技经肯綮，批郤导窾，游刃形外，气定神闲。

北冥之鲲，拘于潭渊，展翅为鹏，意在青天。

【释义】

· 像一只在稀泥里自由游动的乌龟一样，没有任何束缚地生活，一个人的生命是有尽头的，在活着的时候自由自在最重要。

· 庄子的妻子老死之后，他却敲着盆唱歌，因为他认为人本来最先就是无形无气的，死后不过是回到这种状态罢了，没有凝聚也没有消散。

· 避开问题的关键，从有空隙的地方入手，让刀刃在有形的地方之外游走，非常放松和闲适。

· 北海里面的鲲，被深潭束缚住了，于是它长出翅膀化身为鹏，向往广阔无垠的蓝天。

扶摇而上，恃风而南，此非逍遥，魂羁魄绊。

乘正天地，御气六变，无己无功，无名无限。

天地一指，万物一马，众象纷繁，齐物是念。

**【释义】**

· 借助大风飞上天空然后向南飞去，这不是真正的逍遥，因为你还是有所凭借，受到束缚。

· 要顺应自然之道，把握阴、阳、风、雨、晦、明六气的变化，做到没有自己，不求建功，不求留名，就没有什么可以局限你了。

· 天地是一个整体，万物也不可分割，虽然世间万物都有不同之处，但在“道”的观念上都是一样的。

因是因非，因非因是，丧我并生，心物一元。

吾也非吾，子亦非子，大同一梦，蝴蝶翩跹。

老庄一脉，智慧之源，一言蔽之，至柔至简。

几道之善，若水涓涓，润物千畴，祉绵万年。

**【释义】**

· 从“是”中可以产生“非”，从“非”中可以产生“是”（所以圣人不穷究是非），让自己“死”去从而与自己之外的东西地位平等，外境的一切归结为空，从空中依心识可以显现万有现象，因此物和心可以统一于心。

· 我不是“我”，你也不是“你”，天下的事物都没有差异，人何尝不是一只忘记长翅膀的蝴蝶。

· 老子与庄子一脉相承，他们是中国哲学的起源，用一句话来概括，道家的思想强调弱小与简单。

· 接近道的完美，就像享用一缕清泉，这泉水濡养了文明的田野，福泽绵延了千万年。

## （三）木部·儒

·木者，柱也，构屋擎天之物，如儒之引领于庙堂；

·木者，朴也，去尽铅华之性，如儒之共识于草野。

木者树也，蓊然郁然，经世致用，柱地擎天。

木者朴也，无文自简，谨而言讷，用而不宣。

同此理者，何派可堪，文明华夏，儒学本元。

儒者需也，亦称柔也，巫丧术士，文圣之前。

【释义】

· 木就是树的意思，长得非常茂盛，有很重要的用途，可以支撑万物。

· 木就是简朴的意思，没有装饰非常素净，谨慎而不表达，做了事却并不声张。

· 跟这种材质的道理相似的，哪个流派能够达到呢？在华夏的文明史中，可能只有儒家能够算是第一了。

· 儒是懦的意思，即心的需要，是柔弱的，在孔子之前，它是民间由读书人担当的巫师术士的称谓。

天纵之圣，木铎仲尼，幸降鲁陬，解民倒悬。

有教无类，设帐杏坛，儒学盛象，天下得观。

游于六经，留意仁义，祖叙尧舜，文武为宪。

五经为体，礼仁相张，齐家治国，伦理人间。

【释义】

· 儒家的创始人孔子被称为“天纵之圣”“天之木铎”，意思是孔子是上天派下来宣扬教化的，来解救水深火热中的百姓。

· 他主张教育不分对象，在杏坛设立学校，开了平民教育的先河，于是全天下的人就有了一睹博大精深的儒学的机会。

· 儒学在六经之中演绎发挥，对仁和义特别强调，把尧舜视为道德先祖，把周文王和周武王看成楷模。

· 以五经作为载体，传授相辅相成的礼和仁，宣扬对外要兼济天下，对内要讲究人伦的观点。

父子兄弟，孝悌友爱，亲亲为大，慎终追远。

礼乐所育，秩而有序，和也穆也，万物位焉。

正气修身，治国齐家，安邦来人，责重泰山。

礼乐射御，书数六艺，立身之术，务需熟娴。

【释义】

· 子对父要孝，弟对兄要敬，孝顺父母是最大的事，要谨慎对待老人去世和祭祀先祖这种事。

· 礼和乐所追求的，是建立社会秩序的和谐，和谐的重要标志就是严整而不混乱，世间万物都找到自己本来的位置。

· 端正态度修养自身，才可以治国安邦，让别人来归附你，这种责任比泰山还重。

· 礼节、音乐、射箭、驾车、文学、算术这六种才能，是一个人在社会立足的基本能力，一定要熟练掌握。

孝友睦姻，仁恤六行，处世之用，观照自检。

智信圣仁，义忠六德，性命所趋，士子所愿。

教有三行，孝行亲亲，顺行事长，友行尊贤。

诗之所诵，温柔敦厚，书之所示，疏通知远。

【释义】

· 孝顺父母，对人友善，邻里和睦，婚姻美满，任贤与能（选拔好的人才），体恤百姓这是六种善行，为人处世的时候，要用来对照检省自我。

· “义”为君德，“忠”为臣德，“智”为夫德，“信”为妇德，“圣”为父德，“仁”为子德，这应该是人生所追求的，读书人所向往的。

· 教育要做三种事，教人有孝心来赡养父母，教人顺从来侍奉长者，教人友爱来尊重贤士。

· 《诗经》的内容，是温婉敦厚的；《尚书》所体现的，是贯通古今，教化世人。

乐之所化，广博易良，礼之所训，庄敬恭俭。
麟经属辞，周易洁净，六经大道，浩荡无边。
论语一部，孔圣之言，典中之典，育化三千。
令色足恭，圣耻巧言，胜己者友，改过无惮。

【释义】

·《乐》教人胸怀宽广、平易近人和善良，《礼记》则训示人们要庄重恭敬和节用。

·《春秋》连缀文辞、排比史实，《周易》让人的思想、情绪非常清洁而宁静，这六部经书所传递的道义，可谓浩荡无边。

·《论语》这部书，是文圣孔子的言论，称得上是经典中的经典，教化了无数的人。

· 谄媚的表情，过分的恭敬，花哨的言语，孔子对这些引以为耻，他希望人们与超过自己的人交朋友，同时，犯了错就不要害怕去改正。

好学正道，敏事慎言，食无求饱，居无求安。
三十而立，四十不惑，耆艾知命，功圆德满。
富贵皆欲，得之以道，仁不可违，终食之间。
疏食饮水，曲肱枕乐，不义富贵，浮云一片。

【释义】

· 怎样算是好学呢？吃饭未饱无所谓，居住条件不好也无所谓，少说话而专注于做事，靠近那些贤人来纠正自己，就可以算是好学了。

· 三十岁能够自立，四十岁能不被外界事物所迷惑，五六十岁时能明白人生的使命，就是功德圆满了。

· 富贵是每个人都想得到的，但要从正道上得来，仁的愿望是随时都不能少的，哪怕是一顿饭的工夫。

· 粗茶淡饭，靠着自己的手臂睡觉，也可以很快乐；那些不符合仁义的富贵，像浮云一样终将消散而不值一提。

富而好礼，贫而乐道，朝闻夕死，无悔无怨。

多闻寡尤，多见寡悔，知之好之，乐之必建。

知动仁静，知乐仁寿，知者乐水，仁者乐山。

君子德刑，小人土惠，君子喻义，小人利先。

【释义】

· 富并无过错，只要遵守礼节，贫困也没关系，依然可以找到精神的快乐。早上明白做人的道理，晚上死去也无遗憾了。

· 听得多了就会少一些指责，看得多了就会少一些后悔，懂得学习的人比不上喜爱学习的人，喜爱学习的人比不上以此为乐的人。

· 智慧的人懂得变通，仁义的人心境平和；智慧的人快乐，仁义的人长寿；智慧的人喜欢水的灵动，仁德的人喜欢山的沉着。

· 君子想念的是道德和法纪，而小人所想的则是家乡和一些实惠；君子看重道义，小人偏重利益。

无子非孤，德必有邻，无述为夭，夭非无年。

无财未贫，无学乃贫，无位未贱，无耻为贱。

莫己知者，求为可知，所以立者，人之所患。

见过自讼，世之稀罕，见贤思齐，省见不贤。

【释义】

· 没有后人不算孤独，有德之人身边定然从者如云；没有高寿不算是夭折，没有建树就算高寿也是夭折。

· 没有财物不算贫穷，没有学问才是贫穷；没有地位并不低贱，没有羞耻心才算低贱。

· 不要担心别人不了解你，只求自己成为有真才实学值得为人们知道的人。寻找立身于世的方法，才是最应去担心的。

· 发现自己的过错能自我检讨的人，世上真的很少。见到贤人时就应该向他学习、看齐；见到不贤的人，就应该自我反省（自己有没有与他相类似的毛病）。

言之不出，耻躬不逮，示人服人，言后行前。

夫子之志，少者怀之，朋友信之，老者则安。

父母之年，不可不知，亦乐亦惧，喜忧参半。

仁者人也，亲亲为义，父母犹在，游则不远。

【释义】

· 有德之人不轻易表态，他们以自己不能实现承诺为耻，做了再说，来让人信服。

· 孔子的理想是，让年轻人得到关怀，让朋友感到信赖，让老人能够安乐。

· 父母亲的年龄，不能够不知道，既为他们还健在而喜悦，也为他们年事已高而担忧。

· 仁的本义就是两个人互相靠着，彼此善待的意思，所以在父母的有生之年，不能离开得太远。

孝悌忠信，孝行为先，无后为大，不孝有三。

侍亲事君，终于立身，父母得显，扬名立万。

博学于文，约之以礼，正身克己，失之者鲜。

亡而为有，虚而为盈，约而为泰，有恒者难。

【释义】

· 孝悌忠信义，这几种行为中孝是最重要的，而在不孝的三种情形中（于礼有不孝者三，事谓阿意曲从，陷亲不义，一不孝也；家贫亲老，不为禄仕，二不孝也；不娶无子，绝先祖祀，三不孝也），没有后代又最严重。

· 孝的初始境界是侍奉自己的双亲，中层境界是侍奉自己的国君，最高境界是修身立命，让父母因为自己的成就而被世人铭记。

· 君子在文化上要广博地学习，在行为上用礼法约束自己，克制欲望并且端正自身的行为，这样还犯了错的人是很少的。

· 没有却装作有，空虚却装作充实，穷困却装作富足，这样的人是难于有恒心（保持好的品德）的。

立人立己，达人达己，学而不厌，诲人不倦。

不愤不启，不悱不发，何不复也，举一反三。

困而不学，民斯为下，欲速不达，性近习远。

博学笃志，切问近思，士优而学，日精月渐。

【释义】

· 让别人立足自己才会立足，让别人通达自己才会通达；学习要不知满足，教诲人要不知倦惫。

· 不到他努力想弄明白而不得的程度不要去开导他，不到他心里明白却不能完善表达出来的程度不要去启发他，如果他不能举一反三，就不要再反复地给他讲了。

· 身处困境尚且不知道去学习的人，是最不知进取的人，做事想求快反而不能成功，人的本性是差不多的，是各人的习惯不同让人产生了差别。

· 博览群书广泛学习，而且能坚守自己的志向，恳切地提问，多考虑当前的事，就算是仁德了；士子要利用空余时间来学习，每一天每一月都有进步。

临事而惧，好谋而成，暴虎冯河，殒身徒然。

勇而无礼，果敢而窒，见义勇为，非之则乱。

见危致命，杀身成仁，振臂一呼，大义凛然。

心之所欲，斯仁至矣，道不离人，焉言仁远。

【释义】

· 面对大事要心生戒惕，考虑周全才可能成功，那些逞匹夫之勇的人，只会无意义地白白地牺牲。

· 孔子厌恶那些勇敢而不懂礼节的人，厌恶固执而又不通事理的人；君子的勇敢是建立在“义”的前提下的，没有“义”的勇敢就会作乱。

· 面对危难挺身而出，牺牲自我来完成仁的使命，举起手臂大声呼喊，那种大义的精神让人敬佩。

· 仁并不遥远，只要你心中想着它，它就来到你的身边，就像道就在我们身边一样，仁哪里离我们很远呢？

志道据德，依仁游艺，不争不党，义礼信谦。
德以报德，以直报怨，人生也直，罔之幸免。
君子之行，战战兢兢，如履薄冰，如临深渊。
托孤六尺，寄命百里，临节不夺，君子肝胆。

【释义】

· 以道为志向，以德为根据，以仁为凭借，熟练地掌握六艺；君子庄重自尊而不和他人争强斗胜，合群而不结党营私，践行仁义、礼节、信用而且谦逊。

· 用品德来回报恩德，用正直来对待怨恨，人是依靠正直而立身在这个世界上的，那些不正直的人也生活在这个世界上是侥幸使然。

· 君子在一生当中，总是谨小慎微，像踩着薄冰一样，像站在深渊边上一样。

· 可以把年幼的君主托付给他，可以让他出任一方诸侯，面对生死存亡也不改变志向，这样的人就算是君子了。

仁为己任，死而后已，士之弘毅，任重道远。

知及仁守，当仁不让，仁者为大，众念之元。

行己也恭，事上也敬，养民也惠，使民义焉。

惠则使人，敏则有功，信则人任，得众由宽。

【释义】

· 君子应把实现仁作为自己的任务，死了之后才会停止，读书人要宏大刚强而且有毅力，任务很重，道路很远。

· 一个人的知识能力达到了，还要用仁来守护它，面对仁的原则，即使是对老师也不能谦让，仁是最重要的，是所有善念的起点。

· 成为一名君子要从四个方面努力，对自己要求严格，对上级要恭敬，给老百姓实惠，役使百姓要符合道义。

· 给别人实惠就容易支使他人，自己聪慧就可以建功立业，诚信就能得到别人的信任，宽容的性格是别人追随你的根由。

恭则不侮，总此五仁，行乎天下，如履平川。

毋意毋必，毋固毋我，仰之弥高，钻之弥坚。

循循善诱，博文约礼，欲罢不能，顾后瞻前。

为政以德，星拱北辰，无为而治，恭己正南。

【释义】

· 礼貌谦逊就不会自取其辱，具备了仁的这五点，在天下立身处世，就像在平地上行走一样容易。

· 不要主观臆断，不独断，不固执，不自以为是。越仰望越显得高远，越钻研它越显得坚固而难以攻克。

· 夫子顺着次序一步步引导我，先教我博学文章典籍，然后要我以礼约束自己的行为，我想停止不学了也不可能，因为似乎看见夫子就在前面了（自己快追上了），忽然间发现自己还掉在他后面很远。

· 管理工作靠的是品德，就像北极星有光辉就可以吸引众星来拱卫一样，不需要刻意地做什么就能天下太平，只需庄严端正地坐在朝廷的王位上罢了。

政者正也，身体力范，子帅以正，不正孰敢。
政者行也，先之劳之，行之以忠，居之无倦。
听讼明断，不若无讼，君子见几，防患未然。
和而不同，泰而不骄，君子坦荡，小人戚然。

【释义】

· 政的意思就是端正，要管理别人自己首先要做出表率。您带头端正，谁敢不端正呢？

· 为政还需要带头行动，让别人做的事自己先去做，做事不能懈怠，忠诚地执著地做下去。

· 能够公正地断案固然很好，但还是比不上能预防纠纷的发生好，君子要能够察觉事物的征兆，防止祸患的发生。

· 君子与人和谐共处但并不苟同别人的观点，态度安详舒泰却不骄傲，君子面对困难能坦然面对故而应付自如，小人则手足无措一副悲伤的样子。

刚毅木讷，言信行果，君臣父子，尽职行权。
富无骄易，贫无怨难，松柏后凋，立于岁寒。
欲善其事，先利其器，居是邦也，友仁事贤。
若无远虑，必有近忧，君子固穷，小人斯滥。

【释义】

· 坚强果决质朴谨慎就接近仁的标准了，说过的话不加思考就马上去行动未必是一件好事，君义臣忠父慈子孝，各种身份都有自己的责任。

· 富贵了不骄傲还算容易，贫困时没有怨恨却很难做到，要考验一个人，要看他能不能像松柏一样挺过最艰难的寒冬。

· 想把一件事情做好，先要做好各种准备，住在一个地方，就要跟那些仁爱而贤能的人交朋友，来为自己将来能取得长足的进步做准备。

· 一个人如果没有长远打算，就会因为眼前的小困难而发愁。君子相信自己的能力，所以能够在困境中守住初心；而小人在困境中因为看不到希望就会胡作非为。

躬自厚省，薄责于人，反求诸己，岂有尤怨。
己所不欲，勿施于人，恕字当头，崎路平坦。
过而不改，是谓过矣，知错能改，善莫大焉。
直谅多闻，三友三乐，节乐多贤，道人之善。

**【释义】**

· 对别人少一点指责而多反省一下自己，在自己身上找出犯错的原因，哪里还会招致非议和怨恨呢？

· 自己不想要的，就不要给别人，若能随时有推己及人的思想，一生都会顺利无碍。

· 犯了错却不愿意改正，这才是真正的错误，知道错了并且能够改正，是最大的善呀。

· 正直，诚信，有见识，君子愿意与这三种人交朋友；君子认为有益的快乐有三种：得到礼乐的调节，结交很多贤能的朋友，宣扬别人的好处。

爱则劳之，忠则诲之，躁隐瞽言，君子三愆。

戒色戒斗，戒之在得，君子三戒，如剑高悬。

君子九思，明聪温恭，忠敬问义，忿则思难。

后生可畏，来者胜今，明朝可追，往者难谏。

【释义】

· 如果你爱护晚辈，就要让他通过劳动来获得生活技能；如果你忠诚上级，就要多给一些建议来让他做得更好。君子在语言上容易犯三种错：不该说时却说了叫躁动，该说却不说叫隐瞒，说话找错了听众叫瞎说。

· 君子有三戒：少年时还未成熟要戒女色，青年时血气方刚要戒争斗，年老时没有多少机会悔改了，要戒贪念。这三点，像一柄剑一样在头顶悬着伴你一生。

· 君子在九个方面要多用心考虑：看，是否看得清楚；听，是否听得明白；脸色，是否温和；态度，是否庄重恭敬；说话，是否忠诚老实；做事，是否认真谨慎；有疑难，是否询问、请教别人；见到财利，是否合于仁义；发火发怒，是否会产生后患。

· 年轻人是值得敬畏的，后来的人一定会超过现在的人；过去的事难以改正了，好在还有未来可以去追寻。

大学中庸，礼记内篇，以其显要，独立呈现。

大学之道，在明明德，在于亲民，止于至善。

知止后定，定而有静，静而后安，虑周得全。

治国齐家，修身正心，诚意致知，格物发端。

【释义】

·《大学》和《中庸》原本是《礼记》中的两篇文章而已，为了显示其重要性，将它们独立地列在四书当中。

· 大学的宗旨在于弘扬光明正大的品德，在于使人弃旧图新，在于使人达到最完善的境界。

· 明白了至善之所在，才能确立自己的目标，有了目标才会专注，专注了才会安宁，心神安宁才能够思虑周详，思虑周详才能够有所收获。

· 想要治理整个国家，先要能管理好自己的家族；想要管好家族，先要修养自身；想要修养自身，先要端正自己的心性；想要端正自己的心性，先要使自己意念诚挚；想要使自己意念诚挚，先要达到认识明确；而达到认识明确就从探究事物的原理开始。

日新又新，君子慎独，德可润身，心广体胖。
不偏为中，不易为庸，未发乃中，中节和焉。
中和之美，大本达道，舒徐通泰，天下井然。
好学近知，力行近仁，知耻近勇，达德三关。

【释义】

· 每天都要弃旧图新，君子要谨慎地对待独处时的作为，富裕可以建造好的房屋，但只有仁德才会让你的身心得到滋润和呵护。

· 不偏不倚叫作“中”，一成不变叫作“庸”，喜怒哀乐的情绪在心中没有表现出来时叫作“中”，表现出来符合节度叫作“和”。

· 中和之美，是通往道德境界的根本途径，柔缓而舒泰，让天下祥和有序。

· 喜欢学习就接近了智慧，努力行善就接近了仁德，知道羞耻就接近勇敢了，以上三点，是实现仁德的条件。

博学审问，慎思明辨，学以致用，笃行躬践。

行远自迩，登高自卑，登堂入室，循序进渐。

虽愚必明，虽柔必强，人一己百，人十己千。

敦厚崇礼，明哲保身，无道则默，有道举言。

至诚尽性，人性物性，赞天地化，与天地参。

【释义】

· 广泛地学习，仔细地询问，谨慎地思考，清楚地辨别，学到的知识要在生活中来使用，自己要一心一意地去实践。

· 到远方去需从近处出发，到高处去需从低处开始，穿过厅堂才能到达内室，这就是循序渐进的原则。

· 即使是愚笨的人也会变得聪明，即使是柔弱的人也会变得刚强，因为别人一次就能达到的，我用一百次；别人十次能达到的，我用一千次。

· 诚心诚意地崇奉礼节，明智又通达事理可以保全自身，国家政治黑暗时，他的沉默足以保全自己，政治清明时，他的言论足以振兴国家。

· 只有至诚恳切的人，才能尽力把他天赋的本性发挥到极致，然后就能尽知他人的本性；能尽知他人的本性，就能尽知万物的本性；能尽知万物的本性，就可以赞助天地万物的化育；能赞助天地万物的化育，就可以与天、地并列为三了。

文圣擎旗，亚圣薪传，民贵民本，人本性善。
倡导仁政，经济井田，省徭薄赋，予民恒产。
仁义礼知，君子四德，俊杰在位，使能右贤。
亲民使民，与民同乐，吾老人老，推近及远。

## 【释义】

· 文圣孔子举起了儒家的旗帜，亚圣孟轲将其传承下去。孟子提出了“民为贵”的主张，认为人的本性是善良的。

· 他倡导实行仁政，重视农业生产，减轻税负，让老百姓拥有稳定的收益来满足生活必需。

· 人的本真性情的流露是仁和义，帮助弘扬彰显这种性情的是智和礼，这是一个君子应该有的四种美德（乐则是前面四者实现后的结果，并不在四德当中）。一位杰出的统治者，要能够去重用有本事的人、尊重贤能的人。

· 亲爱亲人，仁爱百姓，才能够让他们为你做事，同他们一起享受快乐。在赡养孝敬自己的长辈时不应忘记其他与自己没有亲缘关系的老人，让爱延伸出去。

君子远庖，以羊易牛，不忍之念，存乎心间。

杀无道者，谓之大仁，社次君轻，为民立言。

得道多助，失道寡助，仁者无敌，胜而不战。

舍生取义，大义当前，鱼与熊掌，不可得兼。

【释义】

· 君子应该离厨房远一点（因为里面可能有杀戮动物的行为），实在需要宰牲时，宁用一头羊也不用一头牛。在心中，要有不忍心看见动物临死时颤抖的那种悲悯。

· 诛杀那些不讲仁道者的行为，是大仁的表现。老百姓最重要，国家在其次，再次才是国君。

· 站在正义方面，会得到多数人的支持帮助；违背正义，必陷于孤立。有仁爱之心的人是不可战胜的，可以不战而胜。

· 面对仁的大道理，宁愿舍去生命也要获得它，就像鱼和熊掌一样，不能够兼得时，就舍去一种。

万钟无益，礼义需辨，身死不受，本心固全。

动心忍性，曾益不能，大任于肩，生于忧患。

父兄无故，天地无愧，英才得育，三乐开颜。

五十笑百，等量齐观，若无恒心，一曝十寒。

【释义】

· 见了优厚俸禄却不辨是否合乎礼义就接受了，这样的俸禄对我是没有什么好处的。宁死也不接受别人的施舍，要保全自己的本心。

· 使内心受到震动，使意志坚强，补充自己不具备的东西。肩负着仁的使命，在忧患意识中去获得生存与发展。

· 父母都还健在，兄弟也没有发生什么事故，面对天地没有什么可惭愧的，并且有机会去教育一批天下最优秀的人才，这就是君子最快乐的三件事。

· 倒退了五十步的人去笑那些退了一百步的人，其实他们都是在倒退，是一样的。一个人若没恒心就会失败，就像一株植物一样，本来很容易生长，晒一天却冻了十天，怎么能存活呢？

不耻不若，何若人有，自弃不为，自暴不言。

不淫富贵，不移贫贱，不屈威武，大丈夫然。

大人赤子，皆可尧舜，养心之道，寡欲为善。

进锐退速，不为后为，权明轻重，度知长短。

祸福自求，法以先王，不以规矩，何成方圆。

【释义】

· 不以赶不上别人为羞耻，怎么能赶上别人呢？不能守仁行义，这叫自己抛弃自己，这种人不能做出有价值的事业；说话诋毁礼义，这叫自己戕害自己，这种人不能谈出有价值的言语。

· 金钱地位不能使他迷惑腐化，贫苦穷困不能改变他的志向，权势武力不能让他屈服变节，这样的人就是大丈夫啊。

· 能成就大事的人，总会有善良、纯朴的人格品质，只要有这样的胸怀，每个人都可以成为尧、舜一样伟大的人。修养身心最好的方式就是减少一些欲望。

· 急于求进的人往往后退得更快，有所不为，才会有时间和精力去有所为。通过权衡就知道孰轻孰重，经过丈量就清楚谁长谁短。

· 祸福都是自身行为的结果。应尊崇前代圣贤的行为法度，没有法度，怎么能做事呢？

荀卿名况，弘道儒家，稷下学宫，司祭酒三。
孔仁孟义，荀子礼法，隆礼重法，爱民尊贤。
生而好利，必于争夺，性恶一论，破石惊天。
虚壹而静，涂人为禹，贤愚不肖，习俗俾然。

【释义】

· 荀子叫荀况，把儒学发扬光大，他曾在著名的被称为世界上最早的大学的稷下学宫多次担任祭酒这一最高的职务。

· 孔子主张“仁”，孟子强调“义”，荀子更重视“法”，他把“礼法”的位置摆得很高，爱护百姓尊重贤士。

· 荀子认为人天生是自私的，喜欢利益的，一定会为利而争夺，提出了人是天生性恶的理论，震惊了世人。

· 谦虚地专注地去学习，去改变自己，即使是蛮荒之人也可以变成禹一样的贤人。人有贤能和愚蠢的区别，是不同的行为习惯和后天环境造成的。

国者大器，功赏罪罚，无德不贵，无能不官。

水则载舟，水亦覆舟，毁誉由己，日省时鉴。

锲而不舍，金石可镂，聚流成海，蛟龙生焉。

非吾当师，是吾当友，谀我者贼，扪心分辨。

天时地财，人有其治，怨人者穷，无志怨天。

【释义】

· 国家承担着治理天下的重任，应该赏罚分明，没有德行的人就不应被重用，没有能力的人就不要给他授予官职。

· 水既可以让船浮起来，也可以使船沉下去，一个人的荣辱都是由自己造成的，所以要每天反省自己。

· 坚持不懈地雕刻，即使是金属和石头也能够攻克；积累细流以成江海，就会出现蛟龙。

· 指责我只要恰当，就是我的老师；赞美我只要恰当，就是我的朋友；奉承我的是我的敌人，随时要用心地去分辨清楚。

· 尽管天有四时变化，地有丰饶资源，但人也有治理自然和社会的办法。埋怨别人的人只会因为自身不努力而更加窘迫，只有那些没有志向的不奋斗的人才会认为上天不公。

朱子名熹，晦翁谥文，享祀孔庙，列大成殿。
百代夫子，巍为道光，鸿儒巨擘，理学大观。
治学勤政，著述寒泉，筚路重修，白鹿洞院。
理乃太极，生于气先，圭臬万象，不得逾犯。

【释义】

· 朱子叫朱熹，晚年自号晦翁，谥号为文，是唯一非孔子亲传弟子而享祀孔庙位列大成殿十二哲者中的人。

· “百代朱夫子，巍为吾道光。”朱子是孔孟之后的一代大儒，是理学的集大成者。

· 治学和做官都很勤奋，创办了第一所书院“寒泉坞”，在那里著书立说。艰苦创业，重建白鹿洞书院。

· 认为“理”就是太极（宇宙将成未成之态），比物质形态的气还要早，是世间一切的行为的准则和目标，不能违反。

动静不息，阴阳之间，相生相反，渐化顿变。
存理灭欲，格物致知，通于事故，方讲圣言。
天命之性，气质之性，理前尘后，人性二元。
朱子家训，字字警策，世人恭肃，提耳命面。

【释义】

· 理依气而生物，并从气展开了动静不息的生物运动，动的是阳，静的是阴，又分做五行（金、木、水、火、土），散为万物。阴和阳互相辅助又彼此排斥，在量变中产生质变。

· 心中保存自然的规则（理），消除违背理的欲望，研究万物来获得知识。要懂得事物内在的原理，才可以去讲习圣哲的话。

· 理是一种先天禀赋的善性，人人都有，由于气的精粗、厚薄、清浊、久暂的不同，就产生了善恶、贤愚、贫富、寿夭的不同和性格上的差异，有善有恶。理在人未形成之前就存在了，这就是人性二元论。

· 《朱子家训》，每句话都很有教育意义，后世人很看重这本书的教化作用，用来教导后人。

君仁臣忠，父慈子孝，德者尊之，不肖则远。
仇者义解，怨者直报，莫矜己长，勿谈人短。
小过含容，大过理谕，扬善掩恶，随遇而安。
知于礼义，教于子孙，恤于童仆，扶于患难。

【释义】

· 君有仁爱之心，臣有忠诚之责，父有慈厚之情，子有孝敬之义。要尊重有德行的人，远离品行差的人。

· 对仇人要用义去调解，对怨恨用正直去回报，不要夸耀自己的优点，不要去谈论别人的短处。

· 对别人的小过错要包容，对他人的大过错则要用理去指正，多宣讲别人的优点，尽量宽容别人的不足，顺应环境，在任何境遇中都能满足。

· 要明白礼和义，然后来教导后人，对于仆人要怜惜，有困难要帮助。

孔孟荀朱，薪火相传，汉唐精神，兹学贯穿。

儒派显学，影响深远，庙堂江湖，一统千年。

【释义】

· 孔子、孟子、荀子和朱熹，他们把儒家的文化代代传承下去，大汉盛唐这样的时代旋律，都能看到儒学的作用。

· 儒学是盛行于世的学问，影响很大，无论对朝廷还是对民间，在思想上占统治地位达千年之久。

## （四）火部·艺

·艺者，美之道也，如火炽烈，燎于世人之心。

人之于世，生存为前，衣食既安，艺之翩跹。
国之四艺，琴棋书画，寓情寄意，俯仰其间。
水袖飘飘，昆曲婉转，京剧国粹，净丑生旦。
国之大艺，蔽于此部，华夏性灵，如火似焰。

【释义】

· 人活在这个世界上，首先要求生存，在衣食问题解决之后，对美的创造和欣赏的愿望就产生了。

· 中国文人的四大爱好，古琴、围棋、书法和国画，用这四种方式来寄托自己的情趣，陶醉其中。

· 水袖上下翻飞，那是唱腔婉转的昆曲表演，昆曲变化产生了国粹京剧，角色有净、丑、生、旦等。

· 中国古代主要的艺术贡献，都集中在这一部分，华夏民族的艺术灵性，像火焰一样活力四射。

四艺之首，古琴卓然，谓瑶谓玉，又称七弦。
不啻于乐，礼器法器，左琴右书，士子楷范。
仲尼伏羲，琴之二式，下平上弧，对应地天。
号钟绕梁，绿绮焦尾，四大名琴，盛名流传。

【释义】

· 古琴排在文房四宝之首，称为瑶琴和玉琴，又称七弦琴。

· 它不仅是一种乐器，同时还是代表身份的礼器和祭祀的法器。左边是琴右边是书，这是一个读书人的标准体现。

· 琴主要有两种形式，一种是伏羲式，一种是仲尼式。琴的下面是平整的、上面是弧形的，象征着天和地的样子。

· 齐桓公的号钟琴，楚庄王的绕梁琴，司马相如的绿绮琴，蔡邕的焦尾琴，这“四大名琴”的名声流传于世。

琴长三尺，六寸有五，其意所寓，宇宙一年。
琴面之识，白点曰徽，所示音节，十之又三。
横置于桌，静心其间，右手之法，甲拨肉弹。
甲音薄亮，肉音厚实，挑抹剔擘，信手来拈。

【释义】

· 琴长三尺六寸五，代表一年的三百六十五天。

· 琴面的标识，白色的点叫徽，代表着十三个音节。

· 把琴横放在条桌上，让心绪平静下来，右手的指法，可以用指甲背拨，也可以用指尖肉来弹。

· 指甲拨的音清脆，指尖肉弹的音厚实，有挑、抹、剔、擘多种手法，可以随心所欲地转换。

左手运指，取音按弦，上下退复，指滑指按。

古琴三音，曰散按泛，其韵缭绕，历年三千。

三音所共，系于一静，散音松沉，旷而思远。

按音细微，缥缈多变，泛音脱俗，清冷超凡。

【释义】

· 左手的指尖在琴弦上，通过上、下、退、复等方法，滑动或按住琴弦来获得声音。

· 古琴有三种音，分别叫散音、按音和泛音，这些声音伴随古琴的历史，已经有三千多年了。

· 这三种音的共同点是安静。其中，散音松软而沉厚，营造空旷的意境让人怀想远方。

· 按音纤细入微，虚无缥缈变化多端；泛音清凉冷峻，超凡脱俗。

散地按人，泛音象天，一器三籁，哲思妙玄。

三音交错，无方变幻，悲喜于指，万象弦间。

鸟鸣虫语，云影征帆，松风万壑，水复重山。

长亭拂柳，倩影顾盼，羁旅难寐，梅瘦月寒。

【释义】

· 散音代表地，按音代表人，泛音象征着天。一种乐器表示天、地、人三种天籁之音，蕴涵着丰富的哲学思想。

· 这三种声音交错变幻，在指尖流动着人的悲喜情绪，在弦间描绘出世间万象。

· 鸟的鸣叫，虫的私语，云的影像，远去的船帆，林间的轻风，沟壑的气流，环绕的山水都在声音中表现出来。

· 还有离别的长亭，飘拂的柳枝，女子的回眸，旅途的思念，瘦硬的腊梅，清冷的月色都尽在其中。

八音之器，琴德至上，雪躁静心，清和雅淡。

音色之尤，静透润圆，中和之美，于斯蕴涵。

琴音飘忽，杳然入无，大音希声，至乐无弦。

天人相和，心悦无言，意在琴外，涅槃而仙。

【释义】

· 八类乐器中，古琴排在首位，因为它能够让人消除躁动静下心来，达到清静平和雅致淡泊的境界。

· 琴音的上乘境界，表现出安静、通透、温润、圆满的韵味，哲理中的中正祥和之美，包含在其中。

· 琴音缥缈倏忽即逝，向远方散去，与自然的天籁之音融为一体。最大最美的声音乃无声之音，最好的音乐无需演奏。

· 此时，人与自然成为一个整体，心中的欢悦油然而生且无需言说。快乐已经超越了琴音本身，而自己也恍然灵魂飞升而成为了神仙。

名曲迭出，乐化痴顽，潇湘水云，平沙落雁。
秋江夜泊，醉渔唱晚，伯牙子期，流水高山。
朝雨渭城，柳色流连，举酒属客，三叠阳关。
睥睨名教，放浪自然，嵇康绝唱，广陵一散。
琴者静也，琴者禁也，华夏正声，众器之冠。
琴者情也，琴者兴也，元音雅乐，臻乎至善。

【释义】

· 古琴的名曲很多，让很多人都受到教化。曲名有南宋郭沔对山河残缺、时势飘零感慨而作的《潇湘水云》，有借大雁之远志，写逸士之心胸的《平沙落雁》。

· 有描写月落乌啼、江枫渔火的《秋江夜泊》，有讲述伯牙子期知音难觅故事的《高山流水》。

· 有渭城朝雨后劝客再饮离觞的《阳关三叠》。

· 还有不苟世俗、放浪形骸的嵇康临刑演奏的绝唱《广陵散》。

· 琴的谐音是“静”和“禁”，寓意就是安静和禁止浮躁；所以被誉为华夏最严正的声音，推崇为众乐器之首。

· 同时，琴又谐音“情”和“兴”，可以抒怀，可以观世，是发源之音，雅致之音，达到了最美的境地。

棋乃围棋，古名为弈，尧作教子，四千余年。
源于华夏，远播东南，隔海仰望，流于日韩。
棋盘方正，纵横十九，三百六一，交叉之点。
三百六十，乃为周天，一点居中，是谓天元。

【释义】

• 棋是指围棋，古代称为弈。相传是尧制作出来用以教育儿子丹朱的，有四千多年历史。

• 围棋起源于中国，传播到东南亚地区及日本、韩国。

• 棋盘四方四正，横竖各十九条线，形成的交叉点有三百六十一个。

• 三百六十，正好是一个圆周的度数，多出的一点居中，叫作天元。

棋分黑白，各一百八，底平面凸，后土皇天。
棋状为扁，谦冲内敛，豁达通融，棋形故圆。
各执一子，白后黑先，轮流下子，亦可弃权。
对弈之势，布局于前，继而中盘，结曰收官。

【释义】

• 棋子分为黑白二色，各有一百八十粒，棋子的底面是平的，上面是弧顶的，代表着天地。

• 棋子的整体形状为扁平状，呈现一种谦逊恭敬的态度；棋子是圆形，体现变通随和的哲理。

• 对弈者各执一色棋子，执黑的先下子，然后轮流下子，任何一方都可以在中途放弃下子。

• 对弈时，要先布局谋划，然后在中盘拼搏，最后一招制胜来结束战斗。

布局为要，胜负肇端，中腹为下，金角银边。

棋至中盘，激战正酣，明于形势，精于计算。

制胜之时，世称收官，缓急次序，胜败逆转。

何止于棋，人生亦然，慎始善终，当无尤怨。

【释义】

· 布局最为重要，是最终胜负的开端。布局时把棋子放在中间是最差的，最好是放在角上，其次是放在边上。

· 对弈到中局时，争夺非常激烈，要看清楚形势，精确地计算得失。

· 走向胜利的最后时刻，叫结局收官，这时候要通盘考虑，下子要讲究攻防的节奏和顺序，往往可以反败为胜。

· 不仅是下棋，人生也是这样，善始善终，就没有什么可以后悔和埋怨的。

弈棋之术，繁复可观，尖长立挡，并顶爬关。
冲跳飞镇，挂夹跨断，挤拆逼封，腾挪虎点。
棋子之气，哲思大显，紧邻之处，同色为伴。
无气之子，提子气断，灌顶世人，协力并肩。

【释义】

· 下棋的战术非常多，有尖、长、立、挡、并、顶、爬、关。

· 还有冲、跳、飞、镇、挂、夹、跨、断、挤、拆、逼、封、腾挪、虎点等多种手法。

· 对弈时的“气”，最有哲学意味，自己要给自己留“气”，就需要在紧邻的一个点上，放一枚棋子。

· 如果自己没有“气”了，就会被对方把自己的棋子拿掉。这其实是在告诫世人，要团结协作，而不能孤军奋战。

棋之九品，神智俱兼，入神坐照，一段二段。
具体通幽，用智小巧，斗力若愚，守拙顶端。
人棋一体，义通理贯，知白守黑，成败由念。
不争为争，至胜无战，顺势循道，功成德全。

【释义】

· 棋道分为九个等级，既有智慧考量，更有情操要求。入神和坐照，算是入门的一段二段。

· 然后分别是具体、通幽、用智、小巧、斗力、若愚，最高的九段叫守拙。

· 人和棋成为一个整体，在义理上是相通的，虽然明白，还当保持暗昧，如无所见，成败全是由心来决定。

· 不争是争的最好结果，最好的胜利不必通过厮杀战斗，顺应时局遵守规律，最后就会功德圆满。

士人活计，文房四件，书写之具，纸笔墨砚。
纸尚宣州，徽之泾县，亦生亦熟，纸寿千年。
笔崇湖笔，浙之善琏，笔之四德，尖齐圆健。
墨有徽墨，油烟松烟，历久弥新，润和亮鲜。
砚属端州，嫩滑质坚，融通物华，呵气可研。

【释义】

· 读书人的事情，主要是与“文房四宝”打交道，“四宝”是纸、笔、墨、砚这四种书写工具。

· 古代宣州的纸是最好的，宣州就是今天的泾县。这种纸称宣纸，有生宣、熟宣、半生半熟宣，宣纸的保存时间可长达千年。

· 毛笔是湖州的湖笔最好，就是现在的浙江善琏。这种笔有四大优点，毫端尖细，毫毛整齐，毫毛充足圆满，毫腰挺括有力。

· 墨的上品是徽墨，由油烟和松烟两种制作方式完成，书写后很长时间都不褪色，润泽而光亮。

· 砚台数广东肇庆（古端州）最好，表面细嫩润滑，质地却很坚硬，秉天地灵秀，在冬天只需呵一口气就可研墨。

吾邦文字，体庄形端，书写之法，堪称大观。
运笔之道，起行收按，回出藏露，顺逆折转。
中锋主正，侧锋于偏，遒劲自如，笔方笔圆。
写字之术，结体顾全，呼应避就，搭配插穿。

【释义】

· 我们国家的文字，形体端庄方正，在这种文字基础上形成的书法，可以算是一道风景。

· 书写运笔有起笔、行笔、收笔、提、按等多种手法，有回锋和藏锋之分，欲顺先逆，欲折故转。

· 笔道的中锋运笔显得中正有力，侧锋则表现出飘逸有棱的状态。遒劲雄浑的是方笔，潇洒自在的是圆笔。

· 写字的根本之处，在于纵观字的结构，下笔时有呼应，有避让，有搭配，有穿插，形成一个完美的整体。

章法之美，布白留红，字间行间，因势多变。

墨法之趣，枯湿浓淡，摇曳生姿，御于寸田。

甲骨金籀，于秦一统，隶楷行草，起于小篆。

篆者掾也，掾者吏也，秦官所用，李斯发端。

【释义】

· 整幅书法的优美，体现在字本身的点画与空白均有繁简、短长的变化，字与字之间、字与行之间、行与行之间也有大小、疏密、欹正之趣，同时还需把红色印章的因素考虑进去。书写时必须因字生势，灵活多变。

· 用墨的情趣，表现在字的墨色有干枯、湿润、浓黑、淡写等多种变化，随心所欲，姿态万千。

· 甲骨文、金文、籀文，在秦朝时被统一为小篆，后来的隶、楷、行、草等多种书体，都是在小篆基础上发展起来的。

· 篆就是掾的意思，掾就是官吏的意思，表明是秦朝官府所用的文字，相传是李斯发明的。

粗细划一，力道匀整，行笔圆转，素净俨然。
隶属汉隶，横长直短，一波三折，头蚕尾雁。
横向取势，左掠右挑，字形扁方，水平分展。
化弧为直，以方代圆，笔间变化，强调提按。
古帖迭出，乙瑛礼器，刀锋笔锋，张迁曹全。

**【释义】**

· 篆书的特点是笔力均匀，粗细一致，转角处圆润，显得端庄素朴。

· 隶书又称汉隶，横笔长而直笔短，横笔起波磔，长画起笔时，回锋隆起，形如蚕头；横波收笔时，顿笔斜起，形如雁尾（雁不双飞）。

· 隶书的字体整体上横向展开，隶书的八分体左掠右挑，字形呈扁状，水平方向延伸。

· 隶书多以直笔代替弧笔，用方笔来体现圆笔，写字时强化提笔和按笔的手法。

· 著名的隶书碑帖，有《乙瑛碑》《礼器碑》，透过刀痕见毛痕，还有《张迁碑》《曹全碑》。

楷者楷模，真书正书，形体方正，法度庄严。

楷书之祖，三国钟繇，魏碑唐楷，谓之二段。

唐楷鼎盛，欧阳遂良，颜氏真卿，柳氏公权。

欧体刚劲，开朗爽健，九成宫铭，千秋典范。

【释义】

· 楷书的楷是楷模的意思，被誉为“真书”“正书”，大方端正，以中规中矩为法度。

· 楷书的始祖是三国的钟繇，后来经历了魏碑和唐楷两个阶段。

· 唐代盛行楷书，且成就最高，出现了欧阳询、褚遂良、颜真卿、柳公权这样的大家。

· 欧体以刚劲著称，字体开朗清爽健壮，他所作的《九成宫醴泉铭》，成为后人练习楷体的标准。

颜字雄浑，横轻竖重，方正茂密，沉厚凝练。

柳体瘦硬，铁截钉斩，颜筋柳骨，可见一斑。

宋帝赵佶，瘦金留传，下笔如刀，侧锋似兰。

元之大家，赵氏孟頫，笔道停匀，轻松自然。

四大楷家，欧赵柳颜，共襄盛举，百世仰瞻。

【释义】

· 颜体显得雄浑，横笔轻放而竖笔凝重，字体方正浓黑，沉稳老辣。

· 柳体瘦硬，有斩钉截铁之势，人称颜字似筋柳字若骨，可见一斑。

· 宋徽宗赵佶，创建了瘦金体，下笔如刀削一样，侧锋像兰草的叶子一般。

· 元代的大书法家赵孟頫的楷体用笔恬淡，轻松自然。

· 历史的四大楷体书家，是欧阳询、赵孟頫、柳公权和颜真卿，他们共同创造了中国楷体的大气象，让后人仰望。

行者游也，楷草之间，放纵流动，始于两汉。

疏密得体，墨有浓淡，收放结合，大小相兼。

天下第一，书圣兰亭，龙跳虎卧，千古一览。

真卿祭侄，苏子寒食，奔放俊秀，第二第三。

【释义】

· 行书的“行”是游走的意思，介于楷书和草书之间。这种书体收放自如，从两汉时兴起。

· 行书的整体布局讲究有疏有密，墨色有浓有淡，收敛和放纵相结合，大与小相映成趣。

· 天下第一行书是书圣王羲之的《兰亭序》，其字动如龙跳，静似虎卧，千古以来誉满人间。

· 颜真卿的《祭侄文稿》和苏轼的《黄州寒食诗帖》，前者奔放，后者俊秀，被誉为天下第二行书和第三行书。

草书省简，气血连绵，章草有章，今草奇幻。
飘若浮云，矫如惊龙，一笔而就，韵脉相贯。
虚实相生，计白当黑，借无为有，思绪充填。
张旭好酒，怀素尚佛，草圣巨擘，素醉张颠。

【释义】

· 草书简省笔画和写法，强调气韵贯通，有章草和今草之分，章草更讲究章法，而今草则更自由。

· 草书飘扬起来像云彩一样，腾跃起来像龙一样，一挥而就，浑然一体。

· 草书注重虚实结合，把布白也当作书写的一部分，把“无”看成“有”的延伸，让想象力自由驰骋。

· 张旭和怀素都是草书大家，前者好酒，后者向佛，张旭的草体显癫狂，而怀素的草体则像醉了酒一样。

国画之艺，肇始于汉，水墨为主，盛用点线。
散点透视，虚实互见，由线而面，形貌明暗。
墨分五色，水有多寡，运毫疾徐，笔触长短。
不似之似，意在形前，笔墨所求，主观所感。

## 【释义】

· 国画这种艺术，开始于西汉时期，以水墨为主，多用点和线条。

· 用散点透视的方式构图，虚实结合，由线来构成面，形成明暗的变化。

· 墨色表现出多种形态，由水分的多少、运笔的快慢、线条的长短来决定。

· 国画讲究形不似而神似，抽象的作用大于具象的作用，通过笔墨所追求的，是人的主观感受。

以小观大，尺幅万里，千秋寂寥，披图可鉴。

画之载体，绢纸瓷扇，画面布局，疏密聚散。

国画之状，横直方圆，形体有别，大小长短。

条幅中堂，横批卷轴，斗方屏风，册页扇面。

【释义】

· 从一个小的角度来观望宏大的世界，在方寸之间来表现万里江山。即使时隔千年，画者所流露出来的情绪，一打开画面就能感受到。

· 国画的载体，可以是绢，可以是纸，也可以是瓷器或扇面。画面的布局，有疏有密，有聚有散。

· 国画的外形，有横有直有方有圆，形体各有不同，有大小长短之分。

· 有条幅，有中堂，有横批，有卷轴，有斗方，有屏风，有册页，有扇面。

书法诗句，点醒纸绢，闲章压角，一红寓禅。

之字形态，构图首选，易者之象，变幻续延。

描绘之法，工笔写意，基本之术，勾皴擦染。

勾描轮廓，骨架凛然，皴似裂纹，明暗质感。

擦色苍茫，过渡浓淡，染者恣肆，浓墨畅酣。

【释义】

· 国画上面往往有书法诗句来烘托或点明画面内容，再在角落上压上闲章，一点红色显得很有禅意。

· 之字形态是国画构图的首选，体现出变化延伸的体势。

· 国画的方法，有工笔和写意两种，最基本的手法，有勾、皴、点、擦、染等。

· 勾法是用来描画面轮廓的，从而支撑起整个画面的骨架；皴法像是皮肤开裂一样，表现出明与暗的质感。

· 擦法是让墨色的浓与淡过渡自然；染法则很率性，浓墨点染。

题材所指，人物山水，两者之外，花鸟自然。
人物之画，传神为上，夸张神肖，熙载夜宴。
青绿山水，金碧浅绛，王维水墨，设色子虔。
花鸟于纸，双勾泼墨，杂虫禽鸟，竹菊梅兰。

【释义】

· 题材所表现的，有人物、有山水，除此之外，还有自然花鸟。

· 人物画强调传神，在意神似，可以运用夸张手法，如《韩熙载夜宴图》。

· 山水画按画法风格分为青绿山水、金碧山水、浅绛山水，唐朝王维长于水墨山水，隋代展子虔擅长设色山水。

· 花鸟画，多用双勾和泼墨的方式，来表现昆虫鸟雀，竹菊梅兰。

流派纷呈，珍品连连，五代山水，徐熙黄荃。
黄家富贵，轻勾浓色，徐家野逸，潇洒彩淡。
吴门四家，沈文唐仇，文人之画，笔意墨念。
米芾父子，水墨横点，墨戏天真，树云峦烟。

【释义】

· 国画的流派很多，珍品不断。五代的山水画大家有徐熙和黄荃两位。

· 黄荃的风格显富丽，轻轻勾勒却色彩浓艳；徐熙的特点则狂野飘逸，潇潇洒洒，多用淡彩。

· 苏州的吴门四家，是沈周、文徵明、唐寅、仇英，他们的画风呈现文人画的特点，在笔尖墨色中寄托着士大夫情怀。

· 米芾父子，以卧笔横点成块面，以“模糊”的笔法来表现自然之态，有云下的野树，有烟霭中的山峦。

三绝恺之，女史箴图，阎氏立本，一图布辇。
画圣道子，吴带当风，范宽董源，林间秋岚。
清明上河，张氏择端，恢宏开阔，盛世得见。
徐渭文长，命途多舛，用笔放纵，荷败菊残。
朱耷山人，先僧后道，笔致简洁，静穆旷远。

【释义】

· 东晋被称为才绝、画绝、痴绝“三绝”的顾恺之的代表作是《女史箴图》，唐代阎立本的传世之作是《布辇图》。

· 唐代的吴道子被尊为画圣，有“吴带当风”之誉。北宋范宽常居山林，五代董源尤工秋岚。

· 《清明上河图》，是北宋的张择端创作的伟大作品，气势恢宏，视野雄阔，一派盛世景象。

· 明代的徐渭，字文长，一生命运坎坷，他的画恣意放纵，多绘残花败柳。

· 明末的朱耷，号八大山人，先做和尚后改作道士，他的作品线条简洁，表现安静肃穆旷远的意境。

昆曲昆腔，百戏之祖，世界非遗，首批遗产。
昆为昆山，国之江南，曲依南曲，源于海盐。
宋词元曲，多入曲牌，文辞华丽，儒雅无边。
调用水磨，谱调腔板，一板三眼，细腻温婉。

【释义】

· 昆曲又称昆腔，为百戏之祖，列为中国的首批世界非物质文化遗产。

· 昆是指昆山，地处江南；曲以南曲为主，起源于浙江海盐。

· 在昆曲唱词的曲牌中，以宋词元曲居多，辞藻华美，最是儒雅。

· 唱法使用低回婉转、节奏缓慢、悦耳动听的水磨调，规则严格，定谱、定调、定腔、定板，节拍严整，唱腔细腻温婉。

豁叠擞嚯，行腔九转，顿挫疾徐，流水散板。

赠板之曲，成倍放慢，跌宕飘逸，柔曼悠远。

吐字过腔，收音未完，一字三音，缭绕云间。

吴侬软语，市井俗廛，渔樵闲话，嗔娇勾栏。

【释义】

• 唱腔有“豁”“叠”“擞”“嚯”等多种，腔调多次转换，抑扬快慢，如流水，似散板。

• 特别是“赠板”的唱法，唱腔速度成倍放慢，跌宕起伏，飘洒俊逸，舒缓而悠远。

• 念白和演唱的时候，对每一个字，咬住字的头、腹、尾，即吐字、过腔和收音，口型已停而声音未结束，缭绕不散。

• 那些吴侬软语、民间俗话、渔樵对答，还有歌女的言谈都尽入戏来。

描写抒情，舞蹈欲仙，写实写意，如化身段。

角末贴外，净丑生旦，曲笛为乐，琵琶三弦。

一颦一笑，唱打做念，戏台三尺，阅尽人寰。

名剧迭出，四梦临川，邯郸紫钗，南柯牡丹。

【释义】

· 无论是描写还是抒情，昆曲的舞蹈都出神入化，既可以辅助唱词写实，也可以单独抒怀写意，身段婀娜，引人遐想。

· 角色主要有生（男主角）、旦（女主角）、净（花脸）、丑（滑稽）、末（老生）、贴（正旦之外的旦）、外（次要男子）等，主要以曲笛为乐器，还有琵琶和三弦。

· 表情丰富，有念白，有演唱，有动作，有打斗，小小的舞台，人间大世界。

· 流传下来的著名剧目很多，有明代汤显祖的“临川四梦”：《邯郸记》《紫钗记》《南柯记》《牡丹亭》。

牡丹亭上，梦梅情深，丽娘还魂，笙箫缠绵。
三郎贵妃，长生之殿，马嵬细雨，兵马不前。
方域香君，离合悲欢，血溅桃花，兴亡一叹。
游园惊梦，三醉阳关，秋江断桥，几度思凡。
国粹京剧，起于徽班，徽班之艺，昆曲为源。

**【释义】**

· 牡丹亭中，柳梦梅情意绵绵，杜丽娘还魂人间，上演了一场笙箫缠绵、如真似幻的爱情故事。

· 唐玄宗和杨贵妃的故事，在《长生殿》中演绎，那濛濛细雨中的马嵬坡上，士兵不愿意再前进。

· 侯方域和李香君，一场悲欢离合的故事，最终血溅桃花扇，国家兴亡令人一声长叹。

· 更有一些著名的折子戏令人难忘，如春光中的杜丽娘游园方知春梦好，如霍小玉灞桥送别李益的《折柳阳关》，如吕洞宾下凡度人《三醉》岳阳楼，如白娘子许仙烟雨相逢的《断桥》，如桃庵尼姑赵氏冲破樊篱寻求真爱的《思凡》，如书生潘必正和女尼陈妙常恋爱的《秋江》。

· 后来成为国粹的京剧，是徽班进京后开创而成的戏曲大观，而徽班的演艺根基，正是昆曲。

## （五）金部·技

·其技如金，无往不利，辉映尘寰。

国之兴盛，技能超前，华夏之技，斗焕星灿。
丝绸陶瓷，中医珠算，如金之辉，举世惊叹。
嫘祖凤降，取丝于蚕，织丝成物，绫罗绸缎。
战国伊始，丝有绮绢，锦之既出，更见内涵。

【释义】

· 国家的兴盛，技术领先很重要。华夏的技术成就，光彩夺目。

· 丝绸陶瓷，中医珠算，这些技术的光辉金光灿灿，赢得了世界的称赞。

· 蚕桑之祖嫘祖来到人间，发明了从蚕茧中取丝的技术，用丝织成了美丽的绫罗绸缎。

· 从战国开始，丝就织出了绮和绢，当锦这种布被织出来后，更能体现技术的内涵。

外邦仰视，丝路西延，技惊中亚，西汉张骞。
丝绸之路，陆海并兼，欧美企望，唐船宋舰。
蚕吐两丝，结而为一，断面若镜，其胶自粘。
丝之纤维，桑蚕柞蚕，食物所定，质地多变。

【释义】

· 丝绸得到了外国人的喜欢，于是中国的陆地丝绸之路向西扩展，张骞出使西域带去的丝绸，征服了西亚。

· 丝绸之路还通过海上向外延伸，唐宋时期的舰船把丝绸运往欧美各国。

· 蚕吐两条丝，合成一个整体，丝的断面像镜子一样，蚕自身的胶质液让两条丝黏在一起。

· 蚕丝的纤维有桑蚕丝和柞蚕丝（还有杂蚕丝）之分，这是由蚕食用不同的食物决定的。

缫丝之术，于汤浸茧，抽丝一茧，长可至千。
丝分经纬，交织成件，生织熟织，程序相反。
生织之物，不经染练，斯为坯绸，成品再染。
熟织之方，生织反焉，制品高级，塔夫锦缎。

【释义】

· 缫丝的时候，把蚕茧浸泡在热水中，抽出丝头，一个茧的蚕丝的长度可达上千米。

· 丝分成经丝和纬丝，互相交织就成了面料，有生织和熟织之分，两者的程序相反。

· 生织是指不经过染练直接编织，成品叫坯绸，然后再染色。

· 熟织的方法与生织相反，成品往往是比较高级的东西，如塔夫绸、锦、缎等。

印染之法，于前精炼，溶碱加热，脱胶存朊。
其后漂白，素丝呈现，着色印花，直拔防染。
筛网直印，拔印雕版，异色之上，雕白凸显。
防染一技，色防其前，干后浴色，花样绚然。

【释义】

· 印染的时候，提前反复汤煮，加碱加热后，让丝脱去胶质保存蛋白质。

· 然后漂白，白色的丝就出现了。再染色印花，有直染、拔染、防染等方式。

· 用筛网直接印上去叫直染，拔染要先用雕版覆盖，没覆盖的地方染上异色，覆盖处的雕白花纹就出现了。

· 防染的方法：先用防色剂把花样印出来，晾干后再着其他色。最后，用过防色剂而不能着上色的地方的就凸显出花纹。

丝绸种类，琳琅众繁，纺者平挺，绉可延展。
绫纹斜向，扭绞为罗，锦缎多彩，呢绒形感。
绡薄透孔，断纬曰缂，平纹乃绸，细腻是绢。
苏粤蜀湘，丝之四绣，苏绣秀丽，平江吴县。

【释义】

· 丝绸的种类繁多，琳琅满目。有平挺的纺，有可延伸的绉。

· 有斜向的绫，有扭绞的罗，有多彩的锦和缎，有质感有型的呢绒。

· 还有小孔通透的绡，有断纬织成的缂，有平纹的绸，有细腻的绢。

· 苏绣、粤绣、蜀绣、湘绣，被称为四大名绣，其中苏绣以秀丽见称，发源于平江吴县。

广绣潮绣，粤之二地，蜀绣川绣，衣鞋被面。

蜀地传统，吉祥喜庆，用针齐整，如刀边缘。

湘绣显耀，万国博览，羊毛细绣，逼真神传。

国画韵味，水墨雅淡，豪放生动，世人称赞。

【释义】

• 广州和潮州，是粤绣的两大主要产地，蜀绣又称川绣，作品多为衣鞋被面这些日用品。

• 蜀绣的内容体现了巴蜀传统，主题吉祥喜庆，用针绣出非常整齐的边缘，如刀刃一般。

• 湘绣成就显著，曾获万国博览会大奖，多用很细的羊毛来绣出图案，逼真传神。

• 湘绣构图有国画韵味，淡雅的水墨效果，既豪放又生动，博得世人的称赞。

四大名锦，宋蜀壮云，各领风骚，千般绚烂。
宋锦苏州，宋代起源，大锦小锦，精致图案。
蜀锦华美，工艺精湛，秦汉得名，城为锦官。
壮锦广西，又曰僮锦，结构严谨，色彩斑斓。
云锦南京，如云似焰，凌空一舞，霞飞电闪。

【释义】

· 中国的四大名锦，是宋锦、蜀锦、壮锦、云锦，它们各具特点，色彩绚烂。

· 苏州出产的锦称为宋锦，因为是从宋代起源的，有大锦和小锦之分（前者装裱名贵书画，后者有月华锦、万字锦、水浪锦三种，用于装裱小件物品），图案都很精致。

· 蜀锦华丽美观，工艺精湛，从秦汉开始，就把现在的成都叫锦官城，足见历史悠久。

· 广西出产的叫壮锦，又名僮锦，构图严谨，色彩斑斓。

· 云锦是指南京产的锦，如云彩，似火焰，在空中抖动，像霞光飞过，像闪电出现。

英文中国，陶瓷同名，此物显赫，孰可以堪。
陶土瓷土，各自成器，瓷器光亮，陶器自然。
陶瓷之器，品类齐全，装饰陈设，餐茶碟碗。
陶器为物，流长源远，日用之具，溯及万年。

【释义】

· 在英语中，陶瓷与中国是一个名字（China），可见这种器物在世人眼中的地位，无物可比。

· 陶土和瓷土，分别制成了陶器和瓷器，瓷器以光亮著称，而陶器则以古朴自然见长。

· 最先出现的是陶器，而且品类齐全，用于装饰，更用来作日常生活用具。

· 使用陶器的历史上万年，原始祖先就把它作为日用品了。

陶之别用，制为饰物，秦兵马俑，为之震撼。

强弓劲弩，兵勇剽悍，帝国威武，六国胆寒。

商代白陶，高岭之土，花鸟铅釉，制瓷之先。

东汉青瓷，玻璃质釉，白釉之瓷，南朝起源。

【释义】

· 陶器还有日用之外的用途，作为陈设用，如秦代的兵马俑，世界为之震撼。

· 这些兵俑持强弓劲弩，剽悍有力，表现出了秦帝国的威武之气，让六国胆寒。

· 从商代开始，出现了白陶，用高岭土烧成，使用铅釉来绘制花鸟图案，为中国制瓷业的先驱。

· 东汉时出现了青瓷，呈现出玻璃质的釉色，而纯粹用白釉的瓷器，则是从南朝起源的。

隋唐渐成，日用器玩，唐之三彩，蔚为大观。
黄褐绿釉，低温烧制，赭黄浅绿，茄紫天蓝。
激扬慷慨，国名远播，恢宏雄俊，盛唐风范。
宋代大成，清新秀丽，五大名窑，汝窑为冠。

**【释义】**

· 隋唐时期，瓷器制作的技术就基本成熟了，既有日用品，又有各种把玩的东西，特别是唐三彩的出现，蔚为大观。

· 釉色以黄色、褐色、绿色为主，由低温烧制而成，也有其他颜色，如赭黄色、浅绿色、茄紫色、天蓝色等。

· 唐三彩表现出一种激越昂扬的气度，让国家的形象得以提升，那恢宏雄奇俊朗的格调，表现了盛唐风范。

· 宋代的瓷器制作臻于完善，风格清新秀丽，出现了制作瓷器的五大名窑，其中汝窑成就最大。

汝窑之色，多为淡青，清凉冰润，世之冷艳。
汝窑之外，钧哥定官，哥官二窑，至今存悬。
钧窑葱绿，墨色胭脂，颜色纷呈，审美宽泛。
定窑胎细，质薄有光，白釉似粉，夺目耀眼。

【释义】

· 汝窑作品的颜色以淡青为主，有清凉冰润之感，呈现冷艳之美。

· 在汝窑之外，还有钧窑、哥窑、定窑、官窑，而关于哥窑和官窑的确切信息，至今还有悬疑。

· 钧窑以葱绿色为主，还有墨色和胭脂色，颜色很多，审美趣味宽泛。

· 定窑以胎泥细而著名，薄而有光泽，如粉一样的白釉，光彩夺目。

制瓷之事，工艺复繁，淘泥摞泥，拉坯转盘。
瓷坯既成，印模成形，干修湿修，刮补求完。
捺水去尘，画坯点睛，上釉增亮，焙烧收官。
釉彩之色，单色多色，上釉之法，下上其间。

【释义】

· 制造陶瓷这件事，工艺复杂，先要淘泥，再把泥摞在一起，然后在转盘上拉坯。

· 瓷坯做成后，用印模使其成形，手工用干修或湿修的方式，去掉印模后留下的瑕疵。

· 在捺水去掉灰尘后，开始在瓷坯上画上图案，然后上釉来增加亮度，最后放进窑里焙烧。

· 釉彩的颜色，有单色与多色之分，上釉的方法，有釉下彩、釉上彩和釉中彩三种。

釉下之彩，先绘图案，器物入窑，于火烧炼。

上釉烧成，再行彩绘，烤花炉火，釉上彩现。

釉中之彩，上釉而烧，烧而又釉，再入窑坛。

彩釉之图，千姿万般，和合如意，灵芝盒莲。

【释义】

· 釉下彩的方法，是先把图案绘上，再放进窑中用火炼烧。

· 釉上彩则是先烧然后彩绘，放进烤花炉中烤，釉彩就出现了。

· 釉中彩的办法是先上釉然后入窑烧制，取出器物又上釉，再放进窑里烧。

· 釉彩的图案很多，千姿百态，有“和合如意”图，由灵芝（菌盖有一轮轮云状环纹，被称为“瑞征”或“庆云”，是吉祥的象征，后来演变为“如意”）、莲花（荷谐音“和”）和盒子组成。

金玉满堂，金鱼游玩，梧桐凤凰，渔樵田园。

海水之纹，龙跃鱼潜，婴戏纹里，童趣正酣。

缠枝纹中，四向延展，莲或草蔓，波浪循环。

梅栖喜鹊，喜上眉梢，獾獾与鹊，地喜天欢。

蝙蝠鹿桃，喻之福禄，辅以松鹤，福禄寿全。

【释义】

• 一群金鱼，象征“金玉满堂”，“梧桐凤凰”比喻仁主嘉宾，“渔樵田园”描写闲居之乐。

• “海水纹”和“婴戏纹”分别表示浩荡与童趣。

• “缠枝纹”向四面延展，那些莲或蔓草，在波浪间翻涌。

• 喜鹊在梅枝上，暗示“喜上眉梢”；灌水獾与喜鹊，比喻“欢天喜地”。

• 蝙蝠和鹿桃，代表“福禄”，再配上松鹤之类，就成了“福禄寿全”。

景德一镇，誉为瓷都，师祖赵慨，功莫大焉。

瓷都巨献，名瓷星驰，玲珑透空，米粒点点。

青花之瓷，瑰宝人间，蓝白相映，清新雅淡。

粉彩瓷器，先勾后填，国画韵味，浮雕之感。

颜色釉瓷，单色名产，还原焰烧，黑红黄蓝。

薄胎白瓷，薄如翼蝉，只恐风吹，如纱似幻。

**【释义】**

· 江西景德镇被誉为瓷都，尊赵慨为师祖，因为他对制瓷做出了很大的贡献。

· 景德镇出产的名瓷很多，其中的玲珑瓷用镂空的技术，形成米粒状的小点。

· 青花瓷为人间瑰宝，蓝白辉映，体现清新淡雅的韵味。

· 粉彩瓷，采用先勾后填的绘制法，有国画风格，兼具浮雕感。

· 颜色釉瓷，虽然是单色，却是名品，用还原焰烧制而成，有黑红黄蓝等色。

· 最美妙的当数白瓷，胎薄得像蝉的翅膀一样，不小心似乎会被风吹走，远看像是纱，又像是梦。

珠算之法，五大发明，小物大用，两千余年。
盘中数档，每档七珠，上二下五，中梁隔断。
下一为一，上一为五，满五上一，足十进前。
一档之珠，悉数十五，添一进档，十六制缘。

【释义】

· 珠算，被称为中国的第五大发明，小小的器具却有很大的用途，已经有两千多年的历史。

· 算盘中间有很多个档，每个档上有七颗算珠，上面两颗，下面五颗，中间有一根木梁隔断。

· 梁下面的算珠一颗就代表数目“一”，上面的则代表数目“五”，下面的数目到了“五”这个数目时就在上面拨一颗算珠来表示，一个档上的数目到了“十”的时候就前进一个档位拨一颗算珠来表示。

· 一个档上的算珠，全部加起来表示“十五”这个数字（古代），再增加一个数就向前进一档，这是因为古代采用的是“十六进制”。

档珠离梁，此档空档，各格尽空，是谓空盘。

靠梁内珠，离则外珠，计数不计，亦忙亦闲。

拨珠之格，谓之本档，前档左进，后档右延。

正数之珠，名为实珠，负数虚珠，离梁空悬。

【释义】

· 档上的算珠离开梁的时候，这一档就叫做空档，每一档都是空档，就叫作空盘。

· 靠着梁的算珠叫内珠，离开梁的珠叫外珠，内珠计数外珠不计数，真是有繁忙的也有休闲的。

· 正在拨算珠的这一档，叫本档，进档向左，退档向右。

· 表示正数的算珠叫实珠（靠着梁），负数的叫虚珠，离开梁悬在档的中央。

加一得十，称之进位，退位之义，借一再减。

加减之法，亦曰上退，进退一珠，当作十看。

九九乘诀，春秋筹算，精准无爽，数理蕴涵。

除法之术，归除商除，九归六一，飞归丈田。

估商置商，调商确商，尽与不尽，一除通关。

算盘玄黑，沉稳谨严，天地之象，框方珠圆。

【释义】

· 在本档加上“一”就得“十”，需向左进位，而退位的意思，则是在本档去掉一个算珠向右退位作为数目“十”去做减法。

· 加减的方法，也叫上退之法，无论是进还是退，都是把一个算珠当作数目“十”来看。

· 九九乘法口诀表，在春秋时期就作为珠算法则使用了，精确而没有错误，蕴含着数理的逻辑在其中。

· 除法的方法，有归除和商除之分，用一到九的九个“个位数”为除数的除法（如“逢六进一”就是六除六商一）叫“九归法”，“飞归”则是两位数除法的一种简捷的运算方法，主要用来丈量土地。

· 商除法要先估计一个商数，把这个商放在算盘上，再进行调整，最后确认。

· 算盘多为黑色，代表稳重可信，框是方的珠是圆的，分别是天和地的形象。

中医汉医，发于史前，影响至远，日韩东南。

中医所重，阴阳两端，对立依存，不平则偏。

理论之首，整体之观，天人合一，密切相连。

季候方域，昼夜晨昏，人于其中，岂得独完。

## 【释义】

· 中医又称为汉医，产生于史前社会，影响范围很广，直到日本、韩国和东南亚一带。

· 中医所重视的，是阴阳两端的平衡，阴和阳既对立又统一，如果失衡就会生病。

· 中医最重要的理论基础是整体观，认为人和大自然是一个整体，不能分割开来孤立看待。

· 有气候因素，有地理位置因素，每个人都处在这些外在的环境之中，怎么能够独善其身呢？

各司其职，协同周全，有机整体，人之器官。
理论之次，辨证施治，辨病为表，擒证戡乱。
病位病机，病因病性，由表及里，元凶何窜。
五运六气，人体相关，春夏秋冬，湿暑风寒。

【释义】

· 整体观不仅表现在人与环境的关系上，还体现在人自身的器官上。人是一个有机的整体，各个器官都是相关联的。

· 中医的第二个理论基础是辨证施治，认为病症不过是表面现象，而找到内在的病因才是最重要的。

· 外在的是生病的位置和表现，而内在的才是生病的原因和本质，要由表及里，找到致病元凶。

· 木、火、土、金、水这五运与风、寒、暑、湿、燥、火这六气跟人的健康是密切相关的，人在春、夏、秋、冬这些不同的季节势必会受到湿热风寒的影响。

肝木心火，脾土金肺，水者属肾，五行成圆。

相生相克，制化胜复，相乘相侮，母子相牵。

气血津液，气为根本，升降出入，气聚气散。

气之于人，吐故纳新，推动温煦，防御固全。

【释义】

· 肝属木，心属火，脾属土，肺属金，肾属水，五行构成了一个相生相克的圆。

· 五行相互制约相互转化，又相胜相制，过于亢盛，则引起其所不胜之行（即“复气”）的报复性制约，从而使五行系统复归于协调和稳定，也可能不能克制或反而被克制，或者母病和子病相互影响。

· 人是由气血津液构成的，其中气是最根本的，气的升降出入，是气的聚散的表现。

· 气对于人的作用在于，可以吐故纳新，可以推动血脉运行，可以温暖人的躯干，同时可以防御邪气入侵，保全人体的健康。

血者滋润，脏腑皮肉，津稀液稠，如水潺湲。

五脏藏精，六腑泌浊，拱卫内府，分工井然。

病因阴阳，阳者寒暑，阴者食住，喜怒悲欢。

诊之四法，望闻问切，舌苔面色，望而察观。

【释义】

• 血是用来滋润全身的，包括脏腑皮肉。人体的津是稀的而液是稠的，像水一样流动在人的身体之中。

• 五脏用来收藏精气，而六腑则用来排除污浊，这些器官保卫着人的身体，分工有序。

• 中医的病因学说强调阴阳的影响，阳是外在的气候，而阴则是人的居住环境、饮食习惯还有人的情绪。

• 诊断病情的四种途径，是望、闻、问、切。望法是对病人舌苔面色进行观察。

精神去矣，头仰视陷，腑之将坏，曲背随肩。

肾即惫矣，不能腰转，筋骨有疾，屈伸艰难。

闻诊之要，且听且嗅，气之强弱，高低急缓。

声音高亢，热证实证，风寒重浊，肺气不宣。

【释义】

· 病人的精气神不在了，就会仰着头或眼眶深陷；脏腑要出问题，就会躬着背肩膀倾斜。

· 肾生病了，转腰困难，筋骨有病，手脚的拉伸就显得不容易。

· 闻诊的重点，是一边听一边用鼻子嗅一下，听病人气息的强弱、高低、快慢。

· 若病人的声音急促有力，则可能是热证和实证，若声音粗重不清，大多是受了风寒而引起的肺部疾病。

口臭腐臭，食滞溃疡，消渴一病，苹果之烂。
询问病史，苦渴热寒，疼痛便溺，饮食睡眠。
切脉诊脉，手按其腕，脉象所在，寸尺与关。
力度有无，节律齐否，搏动深浅，速率快慢。

【释义】

· 病人口中有臭味或者有腐肉味，表明消化不良或内部有溃疡，如果是糖尿病（消渴病），就会闻到烂苹果的味道。

· 问诊法是指询问病人的疾病史，有没有口苦发渴发热发冷的情况，是否疼痛，大小便是否正常，食欲及睡眠怎样。

· 切诊法是用手轻按病人的手腕的寸口脉的位置，分别是寸脉、关脉、尺脉。

· 体察病人的脉象有没有力度，节律是否整齐，搏动位置的深浅与快慢。

病在心脏，结脉滞缓，弦脉紧张，硬化血管。
濡脉浮细，其位表浅，气血不足，感冒肠炎。
常人之象，谓为平脉，三部有脉，一息四焉。
治病之道，中药针灸，按摩推拿，食疗拔罐。

【释义】

· 结脉的特点是呆滞缓慢，预示病在心脏，弦脉给人紧绷的感觉，多是血管硬化的表现。

· 濡脉飘浮细弱，脉动的位置浮浅，说明人体气血不足，得了感冒或是肠炎。

· 正常人的脉象，叫平脉。寸、关、尺三个位置都有脉象，呼吸一次跳动四次。

· 中医治病的方法很多，有中药、有针灸、有推拿按摩，还有食物辅助和拔火罐。

八纲之义，治疗务辨，阴阳表里，虚实热寒。

药治之路，仲景八法，温清补消，下和吐汗。

汗法解表，开泄腠理，逐邪外出，正气坦然。

吐法俾呕，胃膈之邪，下法逐水，泻实通便。

【释义】

· 中医的八纲辨证的原理，在治理时一定要分清楚，病分阴阳表里，虚实热寒。

· 用药的方法，医圣张仲景总结出了八种，有温法、清法、补法、消法，还有下法、和法、吐法、汗法。

· 其中汗法是除去体外的热，打开然后排泄皮肤层面的溽热，让邪气外出，身体自然就舒畅了。

· 吐法是让人发呕，吐出胃里的难以消化的东西；下法利水，通过大小便排出身体内的秽浊之物。

和法协调，五脏六腑，温法所图，补阳驱寒。

清法泄热，消法结散，气血不足，补法充填。

药理所及，补虚解热，温里消食，止咳化痰。

收涩祛风，芳香化湿，活血泻下，驱虫平肝。

【释义】

· 和法讲究协调五脏六腑的功能，温法则以补充阳气驱除寒气为目的。

· 清法意在祛除湿热，消法就是散去内部的瘀结，气血不足，就要使用补法。

· 通过服用中药，能够补虚散热，温热中气，帮助消化，止咳化痰。

· 祛除风湿，用香气排除湿热，舒筋活血，排泄内热，驱虫，恢复肝功。

百草为药，其性万般，因人对症，功成用显。

黄芪固表，人参补元，茯苓利窍，白术胃健。

当归益损，生地消湿，熟地滋肾，清热黄连。

【释义】

· 百草均可成为中药，药性各不一样，针对不同的人和病症，发挥不同的功用。

· 黄芪可以加强肌体防护功能，人参能够补充人的元气，茯苓通畅关窍，白术健胃。

· 当归增益所亏损的精气，生地消除湿热，熟地滋养肾脏，黄连可以清热。

连翘消痈，石膏泻火，贝母止咳，栀子解烦。

桔梗利壅，柴胡泻肝，麻黄除表，枳实化痰。

白蔻温胃，苍术燥湿，藿香止吐，厚朴泄满。

丹参疗疮，沉香卫气，砂仁安胎，桂枝止汗。

【释义】

· 连翘治疗痈毒，石膏可以泻火，贝母止咳，栀子能够解除烦闷。

· 桔梗可以消解壅塞，柴胡能泻肝火，麻黄治疗外在器官的症状，枳实化痰。

· 白蔻温胃，苍术能祛除体内的湿气，藿香止吐，厚朴帮助排泄。

· 丹参治疮，沉香保护元气，砂仁安胎，桂枝可以止汗。

药药组合，谓之方剂，君臣佐使，协同抗顽。
臣药辅弼，君药主战，佐使之药，调和消反。
药治之外，针灸拔罐，针循经脉，提插捻转。
任脉督脉，少阴少阳，砭而刺之，山海经言。

【释义】

· 中药和中药相组合，就形成了治病的方剂。一个方剂中的中药有君药、臣药和佐使之药的区分，这些药共同为治疗服务。

· 君药是发挥最主要作用的药，一般放在处方的开头位置，臣药是辅助君药的，而佐使之药，则作为药引或用来消除君臣之药的副作用。

· 在中药治疗之外，治病还有针灸和拔火罐的方法。针灸的小银针顺着人体的经脉扎进去，用提、插、捻、转等手法来刺激穴位。

· 穴位有任脉、督脉、少阴、少阳等多处，中国古老的神话《山海经》中，就有用砭石作针给人治病的记载。

灸者烧灼，熏熨体穴，内病外治，疏经通关。

罐状之物，负压由焰，充血瘀血，放血开颜。

疗治期间，诸多禁忌，日照风吹，酒茶油碱。

四大巨著，内经难经，神农本草，杂病伤寒。

【释义】

· 灸法是用艾草一类的植物燃烧所产生的烟的热来熏烤病灶，疏通经脉，从而实现内病外治的目的。

· 拔罐的时候，在罐内点火产生负气压，然后将罐紧扣在病痛位置，罐内的强大吸力会让罐口的皮肤充血，最后取罐刺破皮肤，让瘀血流出来就轻松了。

· 中医在治疗期间，有许多禁忌，如不能日晒，不能吹风，食物要避开酒茶油碱这类东西。

· 中医的四大巨著，是《黄帝内经》《难经》《神农本草经》和《伤寒杂病论》。

内经黄帝，仲景伤寒，难经本草，书者难勘。
李氏时珍，本草纲目，二百万字，五十二卷。
药物两千，药方过万，毕己之力，躬自实践。
析族区类，振纲分目，分类科学，早于瑞典。

【释义】

• 《内经》相传是黄帝所作，医圣张仲景是《伤寒杂病论》的作者，至于《难经》和《神农本草经》的作者现在很难考证。

• 明代的李时珍，写了《本草纲目》，共五十二卷，二百多万字。

• 这本书上所列的药物超过两千种，药方有上万个，李时珍用他一生的心血，亲自实践加以总结。

• 书中的药物按不同的类属进行分辨，在纲的下面再分出目，这种科学的分类法，比西方以植物分类见长的瑞典都早了两百多年。

岐黄之术，医者之谓，斯人对答，内经轩辕。

悬壶济世，三国董奉，医德高尚，杏林成片。

华佗技高，外科麻醉，刮骨疗毒，关公美髯。

孙氏思邈，尊为药王，仁心普降，药方五千。

【释义】

· 中医又称岐黄之术，因为《内经》一书的结构采用了岐黄与黄帝问答的方式。

· 悬壶济世是对医生的赞扬。三国的董奉，医德高尚不计报酬，那些被治愈的人纷纷栽种杏树来回报，结果形成一大片杏林。

· 三国的华佗医术高超，特别是外科手术能力出众，还发明了“麻沸散”，据载他曾经给美髯公关羽刮骨疗毒。

· 唐朝的孙思邈被尊为“药王”，他无欲无求，完成了《千金方》，登载的药方有 6500 个。

# 华夏谣

民间医师，草屦长衫，仙风道骨，鹤发童颜。

博于方剂，七步可拈，处方片纸，书法翩翩。

丝绸飘飘，陶瓷灿灿，珠算严密，中医神幻。

国技煌煌，福祉人寰，智慧华夏，百世共瞻。

【释义】

· 民间有许多中医大师，他们很多穿着草鞋长衫，仙风道骨，头发雪白，面色红润。

· 他们胸中装着许多的治病方剂，能根据病情很快找到方法，在一张纸笺上写上所需要的药的名字和分量，字迹很有艺术性。

· 柔软的丝绸，光亮的陶瓷，科学的珠算，还有奇妙的中医。

· 这些中国的古老技术，造福于人类，让一个充满智慧的华夏民族，千百年来赢得了世人的景仰与尊敬。